Pourquoi choisir ?

EMILY BLAINE

Pourquoi choisir ?

roman

HARPERCOLLINS FRANCE

83-85, boulevard Vincent-Auriol, 75646 PARIS CEDEX 13.
Service Lectrices — Tél. : 01 45 82 47 47

www.harlequin.fr

ISBN 978-2-2803-9013-2

Chapitre 1

— Comment est-ce que je fais pour me retrouver toujours dans les pires ennuis ? m'interrogeai-je en pianotant frénétiquement des doigts sur mon volant.

Je soupirai lourdement, pestant intérieurement contre mon karma. Naïvement, j'avais mis sur le compte de la malchance le décès prématuré de mon grille-pain. Il s'était éteint après une dernière éjection de tartines, crachotant une fumée noirâtre, annonçant ainsi la tenue d'un conclave électroménager. J'avais offert les derniers sacrements à mon précieux toasteur et, alors que je pleurais encore sa perte, mon sèche-cheveux avait lui aussi décidé de passer l'arme à gauche. La fumée en moins.

Il fallait être lucide : pendant la nuit, une mauvaise fée avait envoûté mon environnement.

— Paix à son âme, murmurai-je, en admirant l'ongle de mon index gauche, cassé net à l'instant où j'avais enfoncé la clé dans le contact.

— Qui est mort ? m'interrogea Joan, sa voix crépitant dans l'oreillette de mon téléphone.

En parlant de mauvaise fée...

— Toi, d'ici la fin de la journée !

— Cela me semble un tantinet...

— Joan, je ne plaisante pas. Je te conseille fortement de te planquer dans ton abri antitornade, de faire un testament et d'embrasser ta fille une dernière fois.

Mes doigts pianotaient de plus en plus vite sur le volant. Ce feu rouge devant moi était particulièrement récalcitrant. Je plissai mes yeux non bioniques, espérant qu'ils finiraient par pulvériser l'infâme. Ou, du moins, le faire passer au vert.

— Elizabeth..., reprit ma meilleure amie d'une voix plus douce.

— Et ne m'appelle pas Elizabeth quand je suis en colère contre toi ! hurlai-je en fusillant du regard mon étrange reflet dans le rétroviseur.

Je me forçai à me calmer, prenant une grande inspiration, avant de passer la main sur ma joue.

— Pardon, m'excusai-je dans un souffle. Je suis juste un peu... verte, grimaçai-je.

— Respire profondément et pratique ton prayanama.

— Tu me parles yoga ? m'écriai-je, stupéfaite.

Le feu passa finalement au vert et je malmenai violemment mon levier de vitesse pour démarrer. Mon van préhistorique couina, toussa, gronda et tressauta avant de s'ébranler à la vitesse vaillante d'un escargot en fin de vie, en route pour la propriété des Banks.

— Ça te ferait du bien, tu sais. Pour évacuer cette rage que tu...

— Joan, ce que tu m'as fait est... intolérable. Comment as-tu pu accepter ce genre de contrat ? Tu sais que...

— Que tu manques d'argent ? Que ton van va finir par rendre l'âme ?

— Ne me porte pas la poisse, maugréai-je, en

caressant tendrement le volant de mon seul véritable ami sur terre. Ted a encore de beaux jours devant lui.

— Ted est agonisant, il réclame la mort ! Ta toiture fuit, ta chaudière ne tiendra pas l'hiver et...

— Et je suis déguisée en Abba, à deux doigts de chanter *Money, Money, Money*, conclus-je pour elle. C'est bon, j'ai compris.

De nouveau, un feu rouge se mit en travers de mon chemin, me forçant à ralentir au maximum tout en priant pour ne pas avoir à m'arrêter complètement. Chaque halte de Ted était un défi. Joan avait raison, cette pauvre carcasse de ferraille finirait par mourir, laissant échapper une dernière toux de tuberculeux au fond d'un fossé.

Je passai la main sur mon visage, devinant, du coin de l'œil, des paillettes tombant en fine pluie sur le siège. Je levai les yeux au ciel, songeant que si le ridicule ne tuait pas, je n'aurais pas non plus été contre un bon foudroiement, maintenant, tout de suite, histoire de mettre fin aux souffrances de mon ego.

Évidemment, vu ma relation avec les éléments ce jour-là, il y avait peu de chances que la météo soit de mon côté. Maudite mauvaise fée...

— La petite est folle de la fée Clochette. Alors, quand j'ai dit à Banks que c'était une option payante...

— Dieu du ciel, murmurai-je, en me penchant légèrement en avant, les mains crispées sur le volant.

— Une option très très payante, précisa-t-elle.

— Ils ont refait la route, l'interrompis-je. Celle qui mène à leur propriété.

— J'aurais dû lui facturer plus cher. Bref, j'ai dégotté le costume en location à Charleston avec une caution mirobolante. Apparemment, ma parole d'honneur de scout ne valait pas un kopeck.

Ted eut un hoquet et, pendant un bref instant, j'eus peur de tomber en panne juste là, sur la route menant au domaine des Banks, mon vieux van rouillé et recalé au contrôle antipollution ruinant le bitume. Mais, après avoir vomi un nuage de dioxyde de carbone, il poursuivit gracieusement sur le macadam.

— Pigé, Joan. *Money, Money, Money*, costume et dignité, récapitulai-je en ravalant ma fierté.

— Et n'abîme pas les ailes, ajouta-t-elle, alors que je retirais mon oreillette et coupais ainsi la communication.

Brutalement, sans la voix de la raison de Joan et surtout sans les bruits de Ted subissant les nids-de-poule avec son flegme habituel, le silence me parut assourdissant. Cette route était parfaite, lisse, douce. Je ne roulais pas, je flottais. Ted ne couinait plus, il ronronnait. Je sentis le premier sourire de la journée s'étirer sur mes lèvres.

— Allez, Ted, encore un effort, soufflai-je en constatant que, pour être raccord avec la splendide route, les barrières délimitant la propriété des Banks avaient été repeintes.

Leur blanc éclatant tranchait avec les tons de vert, d'ocre et de marron des arbres. La propriété des Banks était à l'image de leur compte en banque : immense, très certainement au-delà de toute imagination. Tous les ans, ils donnaient une somme d'argent substantielle au maire de Goose Creek. Si cette cagnotte servait à financer la bibliothèque et le conservatoire de la ville, elle leur permettait aussi de se racheter une réputation. À leur passé d'esclavagistes avait succédé une réputation de spoliateurs, profitant du marasme après le tremblement de terre qui avait détruit une partie de la Caroline du Sud au siècle précédent, dans le but de confisquer des terres.

D'après leurs plus fervents opposants, les Banks avaient fait leur fortune au mépris des lois, camouflant maintenant leur histoire sous des dons généreux. Dons que j'associais personnellement à de la corruption et qui entretenaient le doute sur leurs intentions.

Après une légère courbe sur la droite, la maison, aussi immaculée que les barrières, apparut devant moi. Pour faire oublier leur passé négrier, les Banks avaient renoncé à la maison typiquement coloniale. Les colonnes immenses avaient disparu, allégeant ainsi l'ossature de la demeure. Pourtant, alors qu'elle apparaissait de plus en plus nettement devant moi, j'avais la sensation que Scarlett O'Hara allait courir vers moi, tenant maladroitement sa robe, fuyant ce brave Rhett et son regard énamouré.

Je secouai la tête, chassant dans un frisson les pensées qui me venaient. Rhett ne surgirait sûrement pas, encore moins devant un ersatz de fée Clochette dopé à la caféine et fauché comme les blés. La route se divisa en deux, me forçant à réfléchir à toute vitesse. Joan ne m'avait pas donné d'instructions particulières pour gagner la petite fête d'anniversaire que je devais animer. D'un brusque coup de volant, je bifurquai à gauche, les pneus de Ted crissant douloureusement.

Mon van s'immobilisa finalement devant une barrière en fer forgé prévue pour éventrer quiconque tenterait de l'escalader. Un soupir m'échappa. La plupart du temps, quand j'arrivais pour une fête d'anniversaire, des ballons de baudruche balisaient mon chemin, des cris d'enfants retentissaient, de la musique résonnait. Ici, il n'y avait que le silence, cette imposante maison protégée par une barrière tueuse et la vague sensation que tout était figé, prisonnier d'une carte postale immense où même les quelques nuages présents n'osaient pas suivre le sens du vent. Terrifiant.

— Allez, Liz. Pense fée Clochette, vis fée Clochette et... essaye de survivre à cette journée.

Je jetai un dernier coup d'œil à mon visage dans le rétroviseur. En complément du costume, Joan avait investi dans un lot de paillettes. Je scintillais donc, mes longs cheveux auburn étaient artistiquement masqués par une perruque blonde synthétique, des feuilles de lierre entourant le chignon au sommet de mon crâne. Je n'arrivais toujours pas à croire qu'elle avait fait ça.

J'ouvris la portière de mon van, Ted gémissant lourdement. Lui aussi refusait d'entrer dans cette maudite baraque. Je lissai ma jupette ultracourte, me félicitant de vivre dans un État chaud. Je sonnai à l'Interphone, jetant encore un coup d'œil autour de moi. Un vrombissement de moteur transperça le silence quasi religieux, me faisant bondir de peur.

Je plissai les yeux, plaçant ma main en visière, pour tenter de discerner l'odieuse mécanique qui osait troubler ainsi le calme de l'endroit. Le soleil se reflétait sur le pare-brise, m'éblouissant tout à fait. Je fermai les yeux, de petites perles blanches dansant derrière mes paupières closes. Le moteur vrombit de nouveau. À la différence de Ted qui avait gémi de plaisir sur cette belle route, la grosse bête gris métallisé devant moi rugissait littéralement. Je rouvris les yeux, devinant le visage d'un homme dissimulé par des lunettes d'aviateur.

Il baissa sa vitre, sortit le bras, effleurant du bout des doigts la carrosserie de son véhicule, avant de faire de nouveau rugir le moteur. Belle bête, songeai-je.

— Oui ? grésilla une voix féminine dans l'Interphone.

— Elizabeth Reilly, je viens pour...

— Je vous ouvre, m'interrompit-elle.

Je n'eus pas le temps de la remercier que, déjà, l'Interphone replongeait dans le silence.

Stupéfaite, je restai un moment interdite devant l'appareil, avant d'être sortie de ma transe par un coup de klaxon rageur. Secouant la tête, je regagnai mon véhicule, priant avec plus de ferveur que d'habitude pour qu'il démarre sans encombre. Je tournai la clé, récoltant un crachotement pour toute réponse. La grille des enfers s'ouvrit, m'offrant une vue spectaculaire et nette sur la maison.

— Démarre, suppliai-je. Démarre, mon joli.

Nouvelle tentative, nouvelle prière associée à un juron, qui, dans ma bouche, déguisée ainsi, me semblait encore plus transgressif. Le capot du van tressauta, je redoublai mes prières, promettant d'aller à l'église dimanche. La voiture derrière moi klaxonna de nouveau, et exprima sa colère dans un vrombissement puissant de son moteur.

— Pas maintenant, Ted, murmurai-je en ignorant la larme de sueur qui courait le long de mon échine.

J'aurais bien voulu avoir un peu de poussière de fée. Dans une dernière invocation aux esprits indiens locaux, je posai le front contre mon volant. La perruque me donnait la sensation d'être sous serre, le costume en polyester me grattait. L'idée d'un foudroiement instantané me revint.

— Pitié, Ted, chuchotai-je. Pitié, je promets de

changer tes bougies, de recharger ta batterie et de te nourrir au sans-plomb, si tu démarres maintenant.

Je tournai la clé et le moteur finit par toussoter. J'appuyai sur l'accélérateur afin de m'assurer qu'il ne s'agissait pas d'une illusion et entrai prudemment sur l'immense allée tapissée de gravier qui serpentait jusqu'à la demeure des Banks.

— Merci, Ted, dis-je en souriant.

À peine avais-je fait vingt mètres que le bolide qui patientait nerveusement derrière moi me doubla dans un crissement de pneus. Une légère poussière se souleva à son passage, masquant partiellement l'arrière de la voiture.

— Crétin prétentieux, lâchai-je, contrariée.

Le bolide fonça devant moi, jouant du levier de vitesse et d'accélérations bruyantes. Je secouai la tête, ravalant la théorie freudienne et peu flatteuse qui me venait pour expliquer le comportement stupide de l'homme au volant. Stupide mais riche. Vexée, j'appuyai sur la pédale, Ted marquant son mécontentement par un gémissement plaintif des suspensions.

Parvenue au bout de l'allée, je débouchai sur un grand parking. La voiture rutilante qui m'avait doublée luisait au soleil, un léger voile de crasse ternissant sa carrosserie. Une Aston Martin, évidemment. Dans le genre prétentieux...

— Madame Reilly ? fit une voix derrière moi, alors que je descendais de mon van.

— Elizabeth ou Liz, répondis-je avec un sourire en tendant la main vers la femme impeccable devant moi.

— Suivez-moi, m'ordonna-t-elle, son regard méprisant me détaillant sans gêne aucune.

Elle pivota sur ses talons et se dirigea vers

une porte blanche. Pendant une petite seconde, j'observai, presque fascinée, sa façon de marcher sans faire crisser le moindre gravier. Sa tenue bleu pâle et ses chaussures noires plates me permirent de deviner rapidement son métier : la gouvernante de la résidence Banks. Je récupérai les ailes de mon costume, les enfilai, agrippai ma valise à maquillage et claquai violemment la porte de mon van avant de la suivre d'un pas vif.

Je fus conduite vers un salon dans les tons pêche, qui donnait plus l'impression d'une salle d'attente que d'un lieu de vie. Je promenai mon regard sur les murs, ornés de multiples tableaux. Les Banks savaient visiblement entretenir leurs mythes et afficher leur longue dynastie. Je m'approchai du dernier tableau, où un homme à l'allure arrogante posait, menton relevé. Peter Banks, troisième du nom.

— Troisième du nom, murmurai-je en étouffant un rire. Bah, voyons...

Une porte claqua derrière moi et je retournai vivement à ma place initiale, m'assurant qu'un chemin de paillettes ne trahisse pas ma petite incartade. Je posai ma valisette à mes pieds et, les bras le long du corps, me mis au garde-à-vous, pétrifiée par l'atmosphère pesante de la maison. Je secouai la tête avant de diriger mon attention vers la gouvernante.

De nouveau, elle me détailla, l'ombre d'un sourire fielleux étirant ses lèvres. Je ravalai le commentaire désobligeant qui me brûlait la gorge et la toisai de mes dix bons centimètres supplémentaires.

— L'anniversaire de Mlle Cassie a lieu dans la véranda.

— Bien, parfait, approuvai-je.

— Votre rôle est de distraire les enfants. Les

clowns sont déjà arrivés et le traiteur finalise le gâteau d'anniversaire.

Dieu du ciel. Elle fête ses 5 ans ou son mariage ? La gouvernante dut deviner ma stupéfaction, car un nouveau sourire, plein de mépris et de dédain, s'afficha sur son visage. Je n'aurais su dire si elle était plus avenante dans son indifférence figée ou dans son hypocrisie souriante.

— M. Banks s'assurera que tout est parfait pour Mlle Cassie. Il apportera le gâteau à 16 heures précises. Faites en sorte que tous les enfants soient à table à ce moment-là. Et calmes, ça va sans dire, ajouta-t-elle.

— Je suis une femme de défi, affirmai-je.

— Évidemment, vous resterez dans la véranda le temps de la fête. Je vous préviendrai quand vous serez libre de partir.

Comme elle l'avait fait en m'accueillant dans la cour, elle me tourna le dos, mettant ainsi fin, de façon radicale, à notre conversation. Je lui en fus presque reconnaissante, tant me taraudait l'envie de l'étrangler et de l'épingler à côté du portrait de Peter Banks III. De nouveau, je ravalai ma fierté et serrai les poings.

— Vous comptez rester ici ? m'interrogea-t-elle, alors que j'étais toujours figée comme une idiote, presque droguée par l'odeur persistante de Javel et de lavande qu'elle exsudait.

— Non... non, bien sûr.

Je la rattrapai vivement, armée de ma mallette, sans évidemment avoir l'audace de me mettre à sa hauteur. J'avais définitivement compris quelle était ma place dans cette maison : derrière la gouvernante, dans la véranda, aux ordres d'une petite fille de 5 ans.

L'employée ouvrit la porte devant elle et s'effaça pour me laisser passer. À peine eus-je posé un pied dans la véranda qu'une horde de clowns se leva d'un bond, imitant le garde-à-vous parfait que j'avais tenu quelques instants auparavant.

— Et n'oubliez pas, le gâteau est à 16 heures.

Elle m'offrit un dernier sourire vicieux et referma la porte, me donnant la sensation d'avoir intégré un asile de fous furieux. Outre les trois clowns et la fée Clochette, il y avait un magicien et un photographe... Eh bien, je serais curieuse d'être invitée au mariage de cette gamine. La petite pièce était décorée de ballons multicolores et d'une banderole ; sur la table principale, des pièces montées de bonbons et, sur ma gauche, un amoncellement presque indécent de cadeaux.

Après de rapides présentations et avant même que l'odeur de Javel flottant autour de nous ait le temps de se dissiper, une ribambelle d'enfants fit son entrée dans la pièce. Cassie, fidèle à la tradition des Banks, avait fait dans la discrétion, revêtant une robe en mousseline et soie rose, le tout rehaussé d'une tiare somptueuse que Grace Kelly n'aurait pas reniée.

De manière parfaitement simultanée, les clowns, le magicien et ma dignité se mirent en mouvement, accueillant aussi chaleureusement que possible les invités de l'héritière Banks. Le photographe mitraillait la scène nerveusement. Visiblement, le briefing de la gouvernante et son don inné pour recevoir les gens avaient fait leur effet.

Cassie se montra ravie de son anniversaire, commandant sa troupe d'invités au doigt et à l'œil, décrétant que les bonbons de couleur rose lui étaient évidemment destinés. Par chance, les clowns parvinrent à détendre l'atmosphère et à créer une ambiance digne d'un anniversaire d'enfant. Personnellement, je faisais en sorte qu'aucun d'eux ne soit exclu de l'animation et offris une séance photo, eux sur mes genoux, moi dans un équilibre précaire, tentant de tirer ma jupette au maximum de la décence.

Un peu avant 16 heures, je lançai une opération maquillage. Mes yeux naviguaient nerveusement de la porte vitrée aux enfants, puis aux clowns tétanisés. Le photographe venait de changer la batterie de son appareil et j'invitai fermement les enfants à s'asseoir en silence. Le cœur battant à tout rompre, les mains moites, le stress grignotant mon estomac, je les calmai, ignorant mes orteils malmenés et un début de migraine pernicieuse.

Installée devant Cassie, je lui offris mon plus beau sourire, observant toujours à la dérobée la porte qui devait s'ouvrir à 16 heures précises. Je supposais qu'en plus du gâteau, le fameux M. Banks se montrerait, ferait sa vérification d'usage et repartirait ensuite, après trois minutes d'apparition. À vrai dire, ma conversation avec Joan et l'accueil de la gouvernante m'avaient vraiment rendue nerveuse. J'avais besoin de cet argent, Ted devait aller au garage, ma chaudière devait être remplacée. Ce chèque était vital pour moi.

Et j'espérais que ce contrat en apporterait d'autres, quitte à investir massivement dans la fée Clochette, Blanche-Neige et l'intégralité des sept nains.

Je finalisais le maquillage de Cassie quand la porte maudite s'ouvrit. Je me figeai, les lèvres de Cassie avancées vers moi, mon pinceau dans les airs. Les clowns se tassèrent contre le mur, le magicien lissa sa cape et le photographe fit un petit saut de cabri, manquant de se casser le pied, avant de finir par se retrouver à genoux, l'appareil à hauteur des yeux.

Je me redressai, retrouvai mon sourire et, d'une voix un peu tremblante, me mis à chanter :

— Joyeux anniversaire, Cassie... Joyeux anniversaire, Cassie...

Les enfants suivirent, leurs petites voix aiguës couvrant la mienne. Une desserte surmontée d'un gâteau au chocolat monstrueux avec cinq bougies fut poussée dans la véranda. Les enfants se turent les uns après les autres, leurs yeux s'écarquillant au fur et à mesure de l'avancée du gâteau. Derrière l'amas de chocolat, je devinais la gouvernante, tout sourires, chantant elle aussi. Définitivement, elle était plus effrayante avec son sourire emprunté à *L'Exorciste.*

Deux hommes se postèrent près de la porte. Je reconnus presque immédiatement Peter Banks, troisième du nom, grand, altier, une chevelure argentée, un bronzage uniforme. Son costume noir était à peine égayé par une cravate bleu roi. Il croisa mon regard et, pendant un bref instant, je me demandai si je devais faire la révérence ou simplement aller embrasser la chevalière qu'il portait à l'auriculaire. Je me décidai pour un simple mouvement de tête.

Près de lui, un grand brun au regard bleu azur capta le mien. Plus détendu que son père, il tenait sa veste négligemment jetée sur l'épaule. Pendant une courte seconde, je me perdis dans la contemplation de son visage : le dessin ciselé de sa mâchoire, le sourire persistant sur ses lèvres, l'ombre d'une fossette sur sa joue droite. Nos regards se rencontrèrent finalement, son sourire s'élargissant dans la seconde. Il hocha légèrement la tête, ses yeux clairs brillants d'amusement.

Ah oui, c'était moi, la fée Clochette...

Mon regard se décrocha du sien, glissant sur le triangle de peau bronzée que révélait sa chemise. J'étouffai un rire en découvrant un nouveau détail.

— M. Aston Martin, murmurai-je en apercevant les lunettes d'aviateur accrochées à la poche de sa chemise.

De nouveau, ses yeux plongèrent dans les miens et il pencha légèrement la tête en se rendant compte que j'observais ses lunettes. À son tour, il étouffa un rire. Je sortis de ma contemplation en entendant la voix doucereuse de la gouvernante.

— Cassie, viens souffler tes bougies.

L'instant suivant, une salve d'applaudissements retentit. Je relevai le regard vers les deux hommes, qui applaudissaient eux aussi. Après avoir servi les enfants en moins de cinq minutes, la gouvernante s'éclipsa, poussant devant elle les restes du gâteau. Évidemment, il ne lui était pas venu à l'esprit que nous autres, adultes, aurions aimé en goûter un morceau.

La fête s'essouffla d'elle-même. Après avoir mangé, les enfants montrèrent des signes de fatigue. Régulièrement, la gouvernante les appelait, les sortant de leur cage pour les rendre à leurs parents.

Vers 18 heures, passablement fatiguée et affamée, je remballai ma mallette à maquillage. La gouvernante réapparut une dernière fois pour nous escorter à l'extérieur de la maison.

— Nous vous téléphonerons pour régler vos factures, annonça-t-elle avant de nous refermer la porte au nez.

Sympa. Très sympa. Les autres ne s'attardèrent pas et, après avoir échangé de rapides saluts, ils montèrent dans leurs véhicules respectifs et quittèrent la résidence des Banks. En colère et un peu dépitée par le comportement de la gouvernante, je retirai vivement la perruque qui me grattait tant et rejoignis mon van. Du moins, je tentai de le faire. À l'instant où je le contournais pour en ouvrir la portière, une silhouette masculine apparut devant moi.

— Mon père a beaucoup apprécié vos animations, déclara-t-il.

— Vous m'en voyez ravie, soufflai-je en posant la main sur la carrosserie de Ted.

L'homme me barra le chemin, s'appuyant négligemment contre la portière de mon van. Un sourire dansa sur ses lèvres. Visiblement, la situation l'amusait, ce qui ne faisait que décupler ma rage.

— Laissez-moi deviner, repris-je d'une voix un peu plus douce. Peter Banks, quatrième du nom ?

— Enchanté, répliqua-t-il en prenant ma main pour la porter à ses lèvres.

À l'instant où ma peau effleura sa bouche, il releva les yeux vers moi pour jauger ma réaction. Pétrifiée, je m'entendis déglutir lourdement et le laissai faire. Le souvenir de notre première confrontation me revint.

— Jolie voiture, dis-je avec un sourire, en désignant l'Aston Martin à mes côtés.

— Jolies jambes.

Son regard glissa sur moi, me donnant la sensation d'être nue et faible. Le sentiment de malaise s'accrut en le voyant faire un pas vers moi. Ce bleu azur qui m'avait fascinée dans l'après-midi me tétanisait maintenant, déclenchant une tempête de sentiments contradictoires.

— Que diriez-vous d'aller boire un verre ?

— Je crois que je dirais non, répondis-je en posant de nouveau la main sur la portière.

— Même dans l'Aston ?

— Surtout dans l'Aston. Excusez-moi, dis-je, les dents serrées, pour qu'il se décale.

J'ouvris la portière de Ted, me créant ainsi un bouclier contre les avances de ce type tout en le tapant violemment dans les genoux. Il grimaça pendant une courte seconde, encaissant la douleur. Je grimpai dans mon van, priant pour que ma colère contenue n'explose pas. Mon chèque était toujours quelque part dans cette maison.

— Je n'ai pas pour habitude qu'on me dise non.

— Et je n'ai pas pour habitude qu'on me dicte ce que je dois faire. Par ailleurs, l'Aston Martin en dit suffisamment sur vous.

— Résister ne fera que me mettre au défi de vous avoir.

— Je suis une femme de défi, lançai-je pour la seconde fois de la journée.

Tout en enfonçant ma clé dans le contact, j'espérai furtivement que Ted ne ferait pas d'obstacle à ma fuite. Il fallait qu'il démarre du premier coup, sinon j'offrirais à ce prétentieux de quatrième Banks une voie royale pour me raccompagner chez moi.

— Ce van en dit aussi beaucoup sur vous, reprit-il après avoir presque violé Ted de son regard froid et inquisiteur. Besoin d'argent, je me trompe ?

— Je ne vois pas bien en quoi cela vous regarde.

Je tournai la clé rageusement, Ted démarrant miraculeusement au quart de tour. J'offris un sourire hargneux à Banks, avant de refermer la portière, qu'il eut le bon sens de lâcher pour s'éviter une nouvelle douleur.

— Je signe les chèques ! cria-t-il alors que je

manœuvrais pour fuir cet endroit. Nous nous reverrons, promit-il, son regard me glaçant de la tête aux pieds malgré la chaleur intense de l'habitacle.

Je donnai un dernier coup de volant, remontant l'allée des enfers et fuyant cette maison pesante. Alors que le portail s'ouvrait lentement devant moi, je vis Banks suivre mon van des yeux, remettre ses lunettes d'aviateur puis grimper dans sa voiture. Même avec cette distance entre lui et moi, je sentais comme un crépitement électrique entre nous, mélange de fascination et d'aversion. Ma colère avait un goût de bile, mes mains étaient crispées sur le volant. Je me forçai à cesser de regarder le reflet de sa voiture, à canaliser les sentiments contradictoires que cet homme, prétentieux, arrogant mais au sourire irrésistible avait fait naître en moi.

Paralysée, je n'avais pas encore redémarré qu'il me doubla, prenant soin de faire ronfler son moteur, avant de s'arrêter quelques secondes à ma hauteur. Du bout de l'index, il fit descendre ses lunettes, plongeant son regard dans le mien.

— Nous nous reverrons, devinai-je sur ses lèvres.

Mon cœur frappa dans ma poitrine et mes oreilles bourdonnèrent. Quelque part, je compris que cette prophétie se réaliserait.

Chapitre 2

Deux jours plus tard, toujours en attente de mon chèque, je discutais fiévreusement avec la créature la plus butée qui soit !

— J'ai validé ! m'écriai-je en tapant du pied.

Je retapai frénétiquement le code de ma carte bleue, espérant que la machine accepte de m'octroyer les cinquante dollars dont j'avais besoin pour remplir le réfrigérateur et, accessoirement, mon estomac. Je contemplai l'écran bleu devant moi. Les distributeurs automatiques — et les machines de manière générale — poursuivaient leur guerre contre moi. Après le toasteur, le sèche-cheveux et Ted, j'avais eu la chance de griller le fusible alimentant ma chambre et maintenant je luttais, bravache, contre un distributeur de billets.

— Coopère, coopère, dis-je en levant un index menaçant, ou je te transforme en...

L'appareil émit un son strident. Par réflexe, je cherchai l'ombre d'une fumée noire, signalant la mort imminente de la machine, avant de constater, soulagée, qu'elle avait recraché ma carte et mon argent.

— Tu vois, quand tu veux, la félicitai-je en récupérant le tout.

Je me dirigeai vers mon van, fière de ma réussite, et me rendis au supermarché de la ville. À cette heure matinale, je rencontrerais au mieux des mères de famille avec porte-bébé ou de vieilles pimbêches ridées prêtes à tuer pour passer à la caisse prioritaire. Je garai Ted en sifflotant, m'imaginant déjà devant un bon petit plat préparé pour entamer ma soirée télé habituelle.

Ou peut-être que je me ferais livrer une pizza...

Quand Joan n'était pas avec moi, toutes mes bonnes résolutions de faire des économies disparaissaient dans l'instant. J'étais consciente que, sans elle, j'aurais été à la rue depuis longtemps. Mais cela faisait des siècles que je n'avais pas mangé de pizza et, après mon épisode « féerique » du week-end, j'avais besoin de rebooster mon ego. Mon ego passant évidemment par mon estomac.

J'arpentai le supermarché avec mon Caddie, le remplissant de pots de sauce, de pâtes et autres yaourts industriels. Comme prévu, je croisai quelques mères de famille portant des T-shirts maculés de taches suspectes à faire rêver l'équipe des *Experts* et d'inégalables retraitées tirées à quatre épingles.

Mon attention fut attirée par un lot de conserves en promotion. J'en étais à la liste infinie des conservateurs et autres excipients quand un homme en chemise de flanelle à carreaux, probablement échappé d'une tribu de trappeurs du Canada, s'intéressa au même rayon que moi. Des mains épaisses, une légère barbe, une allure débraillée : il détonnait dans cet environnement aseptisé et bercé par une musique indigente.

— À votre place, j'éviterais, lança-t-il avec un sourire.

Bienvenue dans le plan drague le plus lamentable de tous les temps : le supermarché.

Je levai les yeux au ciel. Est-ce que j'avais un tatouage sur le front indiquant que j'étais célibataire ? J'étais très bien sans homme. D'une part, parce qu'un homme serait une bouche de plus à nourrir, et que, vu l'état de mes finances, c'était hors de question ; d'autre part, je n'étais pas encore suffisamment titillée par mes hormones.

— Épargnons-nous une discussion douloureuse : je ne suis pas intéressée, lançai-je en déposant le lot de conserves dans mon Caddie.

— Rassurez-vous, moi non plus, répliqua-t-il avec un rire.

— Vraiment ? m'étonnai-je. Parce que généralement, quand on m'accoste ainsi, on me fait ensuite comprendre que ce que je mange n'est pas très sain, que je pourrais mieux faire. Et l'instant d'après...

— On vous invite à dîner ? conclut-il pour moi.

— Gagné !

— Dans un endroit hors de prix ?

— Si possible.

Il étouffa un rire, les yeux plissés de plaisir. Je levai un sourcil, plutôt dubitative. Je ne savais pas si je devais être vexée ou soulagée. Non pas qu'une horde d'hommes rampât habituellement devant ma fenêtre, mais je n'étais pas d'humeur à subir un dîner fadasse, tant en termes de nourriture que de compagnon de repas.

— Je vous rassure, je voulais juste vous prévenir que ces trucs étaient carrément infects. J'en ai acheté la semaine dernière et j'ai frôlé l'ulcère. Vraiment, à votre place, je reposerais doucement cette chose, sans violence ni heurt, et tout se passera bien.

Je louchai vers mes conserves, avant de rediriger mon regard vers l'exilé canadien. Sa chemise épaisse était ouverte sur un T-shirt bleu. Sa barbe de plusieurs jours masquait le bas de son visage. Ses yeux clairs, un peu enfoncés, étaient brillants, et on y décelait de l'amusement. Il dégageait un charme indéniable, nature, brut, notamment par son franc sourire et les pattes-d'oie qui entouraient son regard. Il ne manquait que la hache pour parfaire le déguisement de bûcheron.

— Cela étant dit, rien ne vous empêche de tenter votre chance.

— Vous êtes sûr de ne pas vouloir m'inviter à dîner ? demandai-je, soupçonneuse.

Il jeta un coup d'œil furtif en direction de mon Caddie, son sourire franc s'élargissant. Il secoua la tête et agrippa le panier de provisions déposé à ses pieds.

— Sans façon, confirma-t-il.

À mon tour, j'observai le contenu de son panier : un mélange de produits industriels et de produits frais. La vexation n'en était que plus forte. Par esprit de contradiction, j'attrapai trois conserves douteuses et les jetai sans ménagement dans mon Caddie. Pour qui se prenait-il pour me traiter de haut ?

— Ce fut un plaisir, lança-t-il en s'éloignant à grandes enjambées.

— Maudit bûcheron canadien, marmonnai-je dans ma barbe.

Il partit en direction des caisses, pendant que je fulminais contre lui. Qu'il ne m'invite pas à dîner, soit. Mais qu'il le fasse *après réflexion* ! C'était une première dans le pays de la drague. Et depuis quand on accostait quelqu'un pour le prévenir d'une possible intoxication ? Drapée dans ma dignité et rongée par l'humiliation, je continuai mes achats en boudant. Ces conserves n'étaient pas très chères et elles pouvaient me faire deux repas. Quelque part, je savais que ce type avait simplement cherché à ne pas perdre la face quand j'avais sabordé son approche.

Après avoir réglé mes achats et les avoir confiés à Ted, je me heurtai à une nouvelle résistance de sa part. Techniquement, je n'avais pas vraiment rempli ma part de notre dernier accord : je n'étais pas allée à l'église, je l'avais nourri à l'ordinaire et je n'avais même pas daigné soulever le capot pour constater les dégâts. Après cinq bonnes minutes de crachotements, de fausses joies et de vrai désespoir, j'abandonnai. Ted m'avait lâchée sur un parking de supermarché.

Deux hommes, deux désillusions dans la même journée, et il n'était pas encore midi.

Je ressortis du van et ouvris le capot, espérant qu'une lumière magique allait m'indiquer la source de la panne. Mais la couche de poussière et de graisse m'empêchait d'agir, et surtout ma totale incompétence en mécanique.

— Est-ce que vous vous y connaissez vraiment ou c'est juste un signal de détresse ? demanda une voix masculine derrière moi.

— Est-ce que vous allez réellement m'aider ou vous cherchez juste un nouveau prétexte pour m'inviter à dîner ? ripostai-je en me retournant pour dévisager le Canadien chevaleresque.

— Je commence à me demander si, en fait, vous ne voulez vraiment pas que je vous invite.

— Essayez pour voir, le défiai-je, bras croisés sur ma poitrine.

— Sans façon, fit-il en grimaçant.

De nouveau, la vexation l'emporta sur le reste. J'étais contrariée d'être bloquée ici et stupéfaite de l'audace de ce type. Me dire non, deux fois... Il me cherchait. J'étais prête à lui rendre la monnaie de sa pièce. Il risqua un coup d'œil vers le moteur, puis vers moi.

— Je vous en prie, dis-je, un peu mielleuse, en lui laissant accès au moteur de mon van.

Il se courba et pendant de longues minutes, dans un silence de mort, il ausculta Ted. Je me rongeai les ongles, prête à entendre le pire, y compris l'annonce de son décès imminent.

— Vous avez une torche ? demanda-t-il, les yeux toujours rivés sur le moteur.

— Euh... oui.

Je contournai mon van et dégottai une lampe dans la boîte à gants. Je tapai dessus pour qu'elle s'allume, pestant contre l'accumulation de déconvenues. Le Canadien se redressa et essuya ses mains graisseuses sur l'arrière de son jean. Il fronça les sourcils et poussa un long soupir.

— Est-ce que c'est grave ? demandai-je, inquiète.

— Rien qu'on ne puisse pas réparer. Donnez-moi cette torche.

Elle s'éteignit à l'instant où il la récupéra. De nouveau, un sourire apparut sur son visage et je compris qu'il se retenait d'éclater de rire. Je haussai les épaules, m'excusant dans un murmure honteux.

— Il faut changer les bougies, lança-t-il en se repenchant sur le moteur.

— Je sais, soufflai-je. C'est juste que...

— Mais ce n'est pas ça le problème, m'interrompit-il.

— Ah ? Donc, c'est pire que...

Je m'interrompis net en le voyant retourner la torche et la frapper violemment contre le moteur de mon van.

— Mais arrêtez ! lançai-je, effrayée, en tentant de le retenir.

— Vous voulez quitter ce parking ou pas ?

Son ton cassant me tétanisa. Son bras était toujours relevé, menaçant de s'abattre sur Ted. Je le libérai et reculai d'un pas. Il sembla prendre conscience qu'il avait été trop dur avec moi et rabaissa doucement la torche.

— Votre démarreur est en train de lâcher. Si je lui donne un ou deux coups, il devrait vous permettre de repartir chez vous.

— D'accord. Mais... vous êtes sûr de ce que vous faites ?

— Complètement, répondit-il en souriant, avec un soupçon de mesquinerie dans la voix. Reculez-vous.

Je m'exécutai et l'observai marteler de nouveau Ted. Deux fois. Le bruit métallique et désagréable me fit grimacer. Pauvre Ted.

— Tentez votre chance, maintenant.

Je me précipitai au volant et tournai la clé. Le moteur démarra facilement, ronronnant comme un chat. Le Canadien claqua le capot et se dirigea vers moi. Je baissai la vitre, pleine de gratitude, un sourire géant aux lèvres, et il me tendit la torche.

— Il faut l'amener au garage, me conseilla-t-il en glissant les mains dans les poches de son jean.

— Je sais. Merci beaucoup pour votre aide.

— Je vous en prie. Il semblerait maintenant que *vous* me deviez un dîner.

— Je croyais que vous n'étiez pas intéressé ? m'étonnai-je.

— Je croyais que *vous*, vous n'étiez pas intéressée ?

— Sans façon, assurai-je avec humour.

— Ce fut un plaisir, lança-t-il en s'écartant du véhicule. À bientôt.

Je lui offris un sourire heureux. J'étais tellement contente qu'il ait ressuscité Ted. Je manœuvrai pour sortir du parking, le Canadien m'observant, les poings sur les hanches. Il avait de la graisse sur le visage, un trait noirâtre barrant artistiquement son front. Sa barbe avait accroché de la poussière, lui donnant un air crasseux. Après un dernier signe de la main, je quittai le parking et roulai jusqu'à chez moi.

Après avoir rempli mon réfrigérateur et œuvré à rendre ma maison un peu plus habitable, je me décidai à faire ce que je repoussais depuis des semaines : appeler le garagiste. Je n'aurais pas un Canadien à portée de main pour l'éternité, il fallait donc que je fiabilise Ted. Ou alors que j'épouse le garagiste, histoire de limiter les frais.

Après cinq minutes de conversation avec M. Harris, je sentis une vague douleur au niveau de la poitrine. Probablement une crise cardiaque, vu le montant qu'il m'annonçait.

— Et il faut que je voie le véhicule pour m'assurer qu'il n'y a pas d'autres réparations, ajouta-t-il.

Je griffonnai la somme ahurissante sur un bout de papier, l'entourant plusieurs fois en me demandant comment j'allais pouvoir la payer. Vendre mon corps, songeai-je.

— Comptez bien le double avec la main-d'œuvre, précisa le garagiste, me faisant ainsi rayer rageusement le chiffre précédent.

— Bien. Je vais réfléchir.

— Vous savez, parfois, il vaut mieux investir dans une nouvelle voiture, déclara-t-il. Votre van est vieux, trouver les pièces va être long et après ça, il ne serait pas étonnant que l'alternateur lâche.

— Formidable, murmurai-je, dépitée. Je vous rappelle demain pour vous confirmer.

Parce qu'évidemment, d'ici le lendemain, je pouvais rêver d'une amélioration notable de ma situation financière. Il ne me restait plus qu'à jouer au Loto, ou à feindre ma mort pour toucher ma maigre assurance vie. Je raccrochai et passai une main dans mes cheveux emmêlés. Si au moins Ted mourait dans une grandiose dernière course... et non pas dans un vulgaire garage, à moitié désossé et prêt à partir à la casse.

En fin d'après-midi, j'allai chez Joan, d'humeur plus morose que jamais. Ma conversation avec le garagiste hantait mes pensées et j'étais terrifiée rien qu'à l'idée de devoir faire diagnostiquer, voire euthanasier Ted. Je n'avais toujours pas de nouvelles de mon chèque, j'avais très certainement acheté des conserves avariées et j'avais été snobée par un Canadien impoli. J'en étais donc à siffloter un requiem en entrant dans le salon de ma meilleure amie.

— J'ai une fabuleuse nouvelle ! s'exclama-t-elle en me voyant arriver.

— Tu as eu un cadeau avec tes points de fidélité au supermarché ? ironisai-je avec amertume.

— Comment sais-tu que..., s'étonna-t-elle avant

de se reprendre. On s'en fiche, en fait, j'ai même *deux* bonnes nouvelles.

Elle sourit largement, m'invitant d'un mouvement du bras à m'asseoir avec elle sur le canapé. Je la dévisageai : son menton tremblait légèrement. S'il s'agissait réellement de deux bonnes nouvelles, pourquoi semblait-elle si effrayée ?

— Les Banks ont appelé, tu pourras récupérer ton chèque demain.

— Vraiment ?

— Vraiment. J'ai réussi à négocier un bonus horaire, une sorte de supplément week-end.

— Mais c'est génial ! m'écriai-je, ma morosité s'estompant peu à peu. Je vais pouvoir réparer Ted !

— Tu vas pouvoir *changer* Ted, suggéra Joan.

— Ou je vais pouvoir changer de meilleure amie, objectai-je avec un sourire. Je garde Ted, il peut encore rouler... des années.

— Tu devrais plutôt investir dans ta chaudière.

— Elle peut attendre, Ted a failli nous quitter sur le parking du supermarché. Je ne dois mon salut qu'au Canada.

J'expliquai rapidement ma rencontre avec le bûcheron et surtout sa réanimation express de Ted à coups de torche. Joan m'écouta religieusement, hochant la tête régulièrement.

— Le garagiste a réussi à me miner le moral avant de venir ici, mais, avec le bonus, je devrais pouvoir m'en sortir.

— C'est une période un peu creuse, s'excusa Joan.

— Ne sois pas stupide. S'il ne s'agissait que d'argent, j'aurais très bien pu trouver un boulot dans une banque.

— C'est là où intervient ma seconde bonne nouvelle ! s'écria-t-elle en tapant des mains.

— Ce n'était pas le bonus ?

— Non. Je crois que je nous ai trouvé une rampe de lancement... Un truc qui va propulser notre petite activité !

— Tu me fais peur !

— Banks veut nous revoir.

— Je te demande pardon ?

— Banks veut nous revoir, répéta-t-elle plus doucement comme si j'étais une enfant stupide.

Elle hocha la tête, un sourire idiot scotché sur les lèvres, attendant que je réagisse. J'étais figée sur son canapé, stupéfaite. Après mon étrange conversation avec Banks numéro 4, après avoir craint que mon chèque n'arrive jamais, voilà que j'obtenais le chèque et le bonus, et j'avais même le droit de revenir en deuxième semaine. Je frémis en songeant à un nouvel affrontement avec leur délicieuse gouvernante.

— Dis quelque chose, m'intima Joan, ses lèvres toujours étirées à s'en faire mal aux zygomatiques.

— C'est bizarre, lâchai-je. Je n'ai pas été particulièrement... chaleureuse avec Peter Banks. Ils veulent qu'on fasse quoi, au juste ?

Les yeux de Joan s'illuminèrent et son visage rayonna dans l'instant. En une demi-seconde, je me rendis compte de ce qui allait nous tomber dessus. À Goose Creek, il n'y avait pas beaucoup de grands événements. La fête de l'école, les matchs du lycée, éventuellement un mariage discret. Rien de vraiment marquant, sauf...

— Le gala des Banks, soufflai-je, atterrée.

— Exactement. Leur organisateur vient de les lâcher et ils ont besoin qu'on...

— Joan, c'est samedi. Et nous sommes ?

— Lundi. Oui, je sais, c'est un peu court. Mais j'ai négocié tout un tas de choses et...

— Quel genre de choses ? Des journées de quarante-huit heures ? Comment veux-tu qu'on s'occupe de ça ? Trois cents invités, les traiteurs, les serveurs, la musique... On n'a jamais fait ça, Joan, dis-je en me levant du canapé, paniquée.

— On peut le faire, assura-t-elle.

Je la regardai, complètement ahurie. Joan était toujours d'un calme olympien en toutes circonstances, comme si les éléments glissaient sur elle. J'arpentai son salon, réfléchissant à toute vitesse aux implications d'un tel contrat. Où Joan voyait une mise en orbite de notre petite société, j'envisageais plutôt un crash immédiat.

— C'est de la folie, murmurai-je.

— On peut le faire. On bossera. Jour et nuit s'il le faut. Mais je ne connais pas un prestataire dans la région qui refuserait de bosser pour les Banks.

Elle avait raison. Travailler pour eux, c'était s'offrir une carte de visite en or massif. Il y avait le bouche à oreille standard, et il y avait une recommandation des Banks. Un seul mot de leur part, un seul geste, et votre vie entière pouvait changer.

— D'accord, soupirai-je. D'accord, on va le faire.

Avec un petit cri aigu, Joan m'étreignit avec force, piaillant que nous étions les meilleures. Je lui rendis son étreinte, espérant juste survivre à cette semaine. Je l'adorais je l'admirais même. En plus d'être ma meilleure amie, elle était une mère pour moi, la voix de la raison et mon associée dans notre minuscule entreprise. Elle me libéra et en un millième de seconde passa de l'incarnation de la joie pure au mode femme d'affaires.

— Les Banks doivent nous transmettre les

éléments qu'ils ont déjà. Ils te donneront le dossier quand tu iras chercher ton chèque, déclara-t-elle.

— Super, je vais devoir affronter la gouvernante.

— Peter Banks te recevra demain à 10 heures. Fais-moi plaisir et assure-toi que Ted sera coopératif. Nous avons besoin de ce contrat.

— Peter Banks ? Lequel au juste ? Ils sont deux, expliquai-je rapidement en voyant que Joan ne comprenait pas. Peter Banks, le patriarche, et Peter Aston Martin Banks.

— Le père, conclut-elle. D'ailleurs, mets une jupe !

— Tu es une véritable maquerelle, ma parole !

— Mets une jupe et soutire un bonus. Si tu ne le fais pas pour moi, fais-le pour Ted.

— C'est vicieux, comme chantage, dis-je en souriant.

— Ou fais-le pour Mia, qui a besoin d'argent pour aller à l'université.

— Tu te planques derrière ta fille ? m'offusquai-je faussement. Et l'université, ce n'est que dans deux ans !

Un sourire fugace passa sur les lèvres de Joan. Depuis la mort d'Eric, Mia était toute sa vie. C'était en partie pour se consacrer à elle qu'elle avait choisi de monter cette entreprise.

— Je mettrai la robe bleue, concédai-je finalement.

— Parfait. Voilà justement le ticket de pressing pour la récupérer, m'indiqua-t-elle en sortant de sa poche un bordereau jaune. Et si tu pouvais prendre Mia au lycée, ça m'aiderait grandement.

Je plissai les yeux pendant que Joan, tout sourires, se dirigeait vers la cuisine. Cette femme était incroyable. Stupéfaite, je restai un moment hagarde dans le salon. Je poussai un nouveau soupir, les images de Banks, père et fils, de la gouvernante et du capot ouvert de Ted se bousculant dans ma tête. Partir chercher Mia allait sûrement me détendre.

Je récupérai ma fameuse robe bleue au pressing. Quand je la portais avec une paire de talons, je redevenais la femme que j'étais avant de devoir me déguiser en fée Clochette pour boucler les fins de mois. En la suspendant à la patère côté passager, une foule de souvenirs nauséabonds surgirent. Je secouai la tête, me forçant à les cadenasser au fond de mon esprit. Je n'étais plus cette femme qui parlait argent, commission, investissement ou opportunité.

Pourtant, alors que je roulais vers le lycée de la ville, je ne pus m'empêcher de jeter des coups d'œil à cette robe, craignant presque qu'elle ne m'attaque au dernier virage.

— Tu es ridicule, me morigénai-je en me garant à l'entrée du lycée.

Je repérai Mia parmi sa bande habituelle d'amies. Le mimétisme entre ces adolescentes était presque fascinant : les mêmes cheveux parfaitement lissés, les mêmes paires de chaussures, les mêmes postures nonchalantes mais très étudiées. Alors que je descendais du van pour aller la rejoindre, je devinai des éclats de voix et des rires, signe que la discussion était animée. C'était dans ces moments-là que Mia me rappelait son père. Joan était un roc au milieu de l'océan, calme, sereine, organisée. Eric était l'océan déchaîné autour d'elle. Il me manquait.

— Salut, tante Liz, dit-elle en souriant. Maman t'a missionnée ?

— Oui, répondis-je, en repensant à son odieux chantage. Ta mère est... très forte.

Elle salua rapidement ses amies et nous fîmes demi-tour pour regagner le van.

— La discussion semblait... animée ? dis-je avec un sourire, alors que nous marchions côte à côte.

— La soirée de fin d'année, répondit-elle en grimaçant. Je cherche à y échapper.

— Tu n'as pas de cavalier ?

— Tu en as un pour le gala des Banks ? répliqua-t-elle aussitôt.

— Tu es définitivement la fille de ta mère.

— Elle m'a tout raconté ce matin, avant d'aller en cours.

— Et elle s'est servie de ton futur à l'université pour me forcer la main.

Mia éclata de rire, ramenant son sac à dos sur son épaule. Ses cheveux blonds étaient rassemblés dans un chignon fou, mettant en valeur ses yeux noisette.

— Autant te dire que tu as plutôt intérêt à intégrer Harvard ! la menaçai-je gentiment.

— J'y travaille. J'ai un service à te demander. Au sujet de la soirée de fin d'année, précisa-t-elle avec une once de timidité.

Je m'arrêtai net, à quelques mètres du van, pivotant vers ma nièce d'adoption. Même si j'avais dernièrement admis que je vieillissais — je m'étais découvert un cheveu blanc au sommet du crâne —, je n'étais pas certaine de survivre à une conversation sur les abeilles, les roses, les choux et la pilule du lendemain.

— Ce n'est pas ce que tu crois, dit-elle en riant, à la vue de ma mine effrayée. Tu ne devrais pas froncer les sourcils, tu risques de marquer.

— Crache le morceau, Mia. Ensuite, j'aurai cinq

kilomètres pour me composer un visage de femme honnête devant ta mère.

— On a besoin de chaperons, murmura-t-elle. De chaperons... sympas.

— Sympas ?

Elle releva les yeux vers moi, ses joues mouchetées de taches de rousseur rosissant légèrement. J'esquissai un sourire en la voyant si embarrassée.

— La mère de Tina va venir. Ce qui signifie que...

— Qu'elle va ruiner votre soirée. Et donc, tu estimes que je dois, moi aussi, subir ça ? J'ai déjà eu ma dose de soirées de fin d'année, j'ai déjà dû me planquer pour vomir dans le parterre de fleurs. Je ne crois pas que je puisse revivre tout ça. Surtout avec la mère de Tina.

— Il y aura d'autres adultes. S'il te plaît, gémit-elle, pour me faire plaisir.

— Pour te faire plaisir ? répétai-je ahurie. Mia...

— Si vous ne le faites pas pour elle, faites-le pour moi, lança une voix derrière moi.

Je me figeai avant de me souvenir du timbre de cette voix. Parfois, le destin peut être vraiment revanchard. Ou alors, j'avais été une criminelle atroce dans une vie antérieure. Je me tournai, tout sourires, me postant aux côtés de Mia.

— J'y serai, annonça le Canadien avec un sourire discret.

— Qui est-ce ? demandai-je à Mia, les dents serrées.

— Mon prof de littérature, murmura-t-elle.

— Jonathan, lança-t-il en me tendant la main. Enchanté.

— Elizabeth... Liz, corrigeai-je immédiatement. Ravie.

— Il est tellement agréable de mettre un prénom sur une jeune femme en détresse.

Son regard plongea dans le mien et, pendant une seconde, je fus hypnotisée par cette couleur caramel, chaude et lumineuse. Je lui serrai la main, découvrant une paume un peu rêche. Il y eut un court silence, pendant lequel le regard du Canadien passa de Mia à moi, puis à Ted.

— Comment va-t-il ? m'interrogea-t-il.

— Bien. Je... je dois l'amener au garage demain. Mia, monte dans le van, je te rejoins.

Elle disparut dans l'instant, certainement mortifiée à l'idée d'être vue en compagnie de son professeur. Elle s'installa côté passager, son sac à dos serré contre sa poitrine. Quand je croisai son regard, elle fronça les sourcils, me faisant clairement comprendre qu'il en allait de sa réputation au lycée.

— Elle a raison, reprit son professeur. Nous avons besoin de chaperons. Par ailleurs, nous avons aussi besoin de personnes pour nous aider à faire la décoration.

— Désolée, mais je vais avoir pas mal de travail et je ne serai pas très disponible.

— Vous allez me laisser en tête à tête avec la mère de Tina ? s'offusqua-t-il faussement.

— Soûlez-la, lui conseillai-je. La dernière fois que j'ai vu Abby à une soirée de fin d'année, nous étions amies, et elle a un humour décapant avec un peu de bourbon dans le sang.

— Je me permets d'insister. Et je vois que vous avez déjà une robe, ajouta-t-il en désignant le vêtement suspendu dans mon van.

— Ne rêvez pas, répondis-je avec un sourire, tout en me dirigeant vers Ted.

Le professeur de Mia me suivit, oublieux des

règles basiques de savoir-vivre : quand une femme dit non, inutile de s'obstiner.

— Pourquoi pas ? Par ailleurs, vous me devez un dîner. Mais je peux vous proposer d'oublier le dîner si vous venez à la soirée de Mia.

De nouveau ce sourire irrésistible. J'avais du mal à me l'avouer, mais il ébranlait peu à peu mes résistances. Certes, il était insistant, mais il m'avait rendu service.

— C'est dans quinze jours, dit-il, alors que j'étais en train de flancher et prête à accepter.

— Et vous oublierez cette histoire de dîner ?

— J'essayerai, souffla-t-il en plongeant son regard dans le mien.

Je risquai un sourire hésitant. Je pivotai, prête à rejoindre Ted, mais Jonathan me dépassa et me força à m'arrêter. Il dégaina un feutre de sa poche et, avant que je puisse réagir, nota un numéro de téléphone sur mon avant-bras.

— Mettez la robe, m'intima-t-il d'une voix douce.

— Je crois que je vous ai accordé assez de faveurs, lui fis-je remarquer avec ironie.

— En effet, admit-il. Mais j'en ai encore une à demander !

— Évidemment, répondis-je, à peine surprise, en souriant. Mais je vous préviens, ça sera la dernière.

Il me regarda intensément, une confiance presque déstabilisante affichée sur son visage. Brusquement, j'eus un moment de doute. Du coin de l'œil, je devinai Mia qui se tortillait, mal à l'aise sur son siège.

— Alors ? Cette faveur ?

— Au sujet de cette robe...

— Oui ? murmurai-je, en sentant mon cœur s'emballer.

— Laissez-moi vous l'enlever.

Et l'instant suivant, sur un dernier sourire entendu, il tourna les talons et me laissa, pantelante, prête à m'effondrer contre la portière.

Chapitre 3

Le lendemain matin, je m'interrogeai sur ma santé mentale. Ainsi que sur la capacité de cet homme à me faire passer d'une humeur à l'autre sans même être présent. Devant ma psyché, je lissai ma robe du plat de la main.

La robe.

Celle qu'il voulait m'enlever, avec ce regard chaud qui me déshabillait déjà. Ma stupéfaction avait duré une partie de la soirée. Joan avait décrété qu'il s'agissait juste d'une façon de me mettre mal à l'aise, voire de me défier, pour obtenir gain de cause. Si cette théorie m'avait plu, si mon cerveau l'avait parfaitement assimilée, mon corps associé à mon inconscient libertaire refusait de l'entendre.

Cet homme, en quelques minutes de conversation, avait bousculé mon équilibre. Je n'aurais su dire si c'était son regard pénétrant, sa paume rugueuse ou peut-être son sourire victorieux, mais il me suffisait de fermer les yeux pour me perdre dans ces sensations. Elles me submergeaient presque, réveillant un manque que je pensais avoir jugulé.

Et pour toutes ces sensations, pour ce délicieux manque, pour ces frissons de plaisir qui cavalaient sur mon échine quand je repensais à son regard sur moi, un large sourire s'étira sur mes lèvres. Être courtisée, même de façon aussi cavalière, ne pouvait laisser aucune femme insensible.

Pourtant, en rouvrant les yeux et en dissipant le coton diffus qui m'enveloppait, mon sourire s'effaça. Et l'attirance irrésistible que j'éprouvais pour lui fut remplacée par l'envie insidieuse de le torturer lentement jusqu'à ce qu'il réclame pitié.

C'était lui, le responsable de mes cernes de ce matin. C'était lui, qui me faisait maintenant regarder cette robe avec dévoiement. C'était lui, le coupable de ma nuit chaotique. C'était lui, qui m'avait poussée à boire deux tasses de café pour réveiller les neurones qu'il était parvenu à anesthésier d'un simple regard.

Je soupirai, me rendant compte à quel point j'étais ridicule. Je pouvais lui faire tous les reproches du monde, mais j'aimais ce qu'il avait provoqué. J'aimais qu'il me défie, j'aimais même sa chemise...

Je chassai les images peu catholiques qui m'avaient hantée une partie de la nuit. La bouffée de chaleur qui m'avait réveillée à une heure indécente flottait toujours autour de moi. J'observai de nouveau mon reflet dans le miroir. Parfait. Ce n'était pas comme si je voulais épater la galerie par mon physique hors normes.

— Vendre la prestation, me serinai-je en quittant ma maison pour rejoindre Ted. Vendre la prestation et t'amener chez le docteur, ajoutai-je en caressant avec tendresse le capot de mon van.

Quand j'atteignis la route longeant la propriété des Banks, il me sembla entendre un soupir d'aise. Et j'étais à peu près certaine qu'il ne venait pas de moi. Je m'annonçai à l'Interphone, la grille imposante s'ouvrit.

— La chance tourne, murmurai-je en découvrant le reflet éblouissant de l'Aston Martin sur le parking.

Ted eut un hoquet, sûrement un mélange de dégoût puéril et d'une forme persistante de fierté. Je coupai le contact et descendis du van. J'avais environ dix minutes d'avance et m'octroyai une mise en beauté ultrarapide dans le rétroviseur extérieur.

— Racée et élégante, lança une voix derrière moi. Tout ce que j'aime.

— Définitivement pas mon jour, marmonnai-je, avant de me tourner vers mon interlocuteur, un sourire factice vissé aux lèvres. Monsieur Banks, comment allez-vous ?

— Même pas un « ravie de vous revoir » ? lança-t-il, amusé.

— Pas avant le troisième rendez-vous, objectai-je.

Il étouffa un rire et s'approcha de moi, son regard clair me dévisageant avec une arrogance inquiétante. Arrivé à ma hauteur, il prit ma main et la porta à ses lèvres. Comme un air de déjà-vu.

— Je serais honoré d'accéder à cette requête, murmura-t-il après avoir furtivement embrassé ma peau.

— Je n'ai pas pour habitude de mélanger travail et plaisir, dis-je en souriant malgré moi.

Il libéra ma main, ses yeux toujours vrillés dans les miens. Il me jaugeait, tentait d'évaluer les risques qu'il pouvait prendre. Je croisai les bras sur ma poitrine, avec l'agréable sensation d'avoir gagné cette manche.

— Bien. Vous êtes donc virée.

— Je vous demande pardon ? rétorquai-je, livide.

— Je résous votre dilemme, expliqua-t-il. Je ne voudrais pas interférer avec vos règles de vie.

— Sincèrement, je serais curieuse de connaître les vôtres, sifflai-je, amère.

— Pas avant le troisième rendez-vous, riposta-t-il. Je ne me dévoile pas si facilement, Elizabeth.

— Pour vous, ça sera « mademoiselle Reilly ». Maintenant, si vous voulez bien m'excuser, j'ai un entretien avec votre père.

Je passai à ses côtés, mais il me rattrapa par le coude, son visage à une effrayante proximité du mien. J'entendis mon cœur s'affoler pendant qu'une nouvelle vague de panique me parcourait.

— Savez-vous pourquoi j'aime les Aston Martin ? Parce qu'elles sont impétueuses, presque sauvages. Elles ne demandent qu'à être prises en main, à être cajolées.

— Puis-je, dans ce cas, vous suggérer de regagner votre voiture ? Personnellement, je n'ai pas vocation à regonfler votre ego, raillai-je, en me libérant de son emprise.

Il soutint mon regard pendant un court instant, avant qu'un sourire étrange ne s'étire sur ses lèvres. Je décidai de mettre fin à cette conversation houleuse, marchant d'un pas vif vers l'entrée de service.

— Mademoiselle Reilly ? m'interpella Banks alors que je m'apprêtais à sonner.

Je me tournai vers lui, lui lançant mon regard le plus sombre et le plus explicite possible. Joan m'avait fait de nombreuses recommandations pour réussir mon entretien, elle avait juste oublié de me dire comment me débarrasser du fils Banks et de son arrogance détestable.

— Nous nous reverrons, dit-il, avant de mettre ses lunettes d'aviateur.

Je l'ignorai et, tandis qu'il grimpait dans sa voiture, je sonnai pour passer mon entretien. À l'instant où la gouvernante m'ouvrit, un vrombissement puissant souleva un nuage de poussière sur le parking. Je le fusillai du regard, tentant en vain de deviner un regard ou une silhouette derrière les vitres fumées.

— Mademoiselle Reilly, je vous en prie, entrez, m'invita la gouvernante.

— Avec plaisir, répondis-je, ravie de ne plus être seule avec le fils Banks.

— M. Banks va vous recevoir dans son bureau, m'indiqua-t-elle, en évaluant ma tenue d'un œil sévère.

— Ça sera parfait, commentai-je mielleuse.

— Ça ira. Pour cette fois, précisa-t-elle, d'une voix à peine audible.

Comme elle l'avait fait quelques jours auparavant, elle tourna les talons, m'offrant une vue imprenable sur un chignon impeccable. Elle avait toujours sa tenue réglementaire. Contrairement à mes talons, ses chaussures ne faisaient aucun bruit sur le carrelage. Je traversai la salle à manger, puis le salon, saluant au passage les portraits de famille, avant que la gouvernante toque à la porte du bureau. Sans attendre de réponse, elle m'annonça et s'effaça pour me laisser entrer.

Peter Banks trônait derrière son bureau de bois massif, ses cheveux argentés tenant, comme par magie, impeccablement en arrière. Son sourire révéla une dentition parfaite, blanche, étincelante et foncièrement malhonnête. Évidemment, il ne se leva pas pour m'accueillir, mais prit son temps pour me détailler longuement, avant de porter son cigare à la bouche et de le mâchonner pensivement.

Il finit par désigner d'un mouvement de tête impoli le fauteuil face à lui.

— Merci, murmurai-je nerveusement. Elizabeth Reilly, ajoutai-je en tendant ma main moite.

Il me jeta un regard méprisant, ignorant ma vaine tentative de politesse qui devait lui paraître absurde. J'abdiquai et pris place face à lui, le dos raide, rongeant mon frein tout en imaginant une mort lente et douloureuse pour cet homme.

— Cassie a été ravie de son anniversaire, lança-t-il d'une voix forte et éraillée par un excès de tabac.

— C'est une excellente nouvelle, j'ai été enchantée d'animer sa fête, mentis-je sans frémir.

— À titre personnel, je dois aussi vous dire que votre... accoutrement a été très apprécié.

Cela se confirmait donc : le gène de l'élégance avait sauté plusieurs générations dans cette maison. De nouveau, il me détailla de son regard malfaisant. À son sourire, je devinai qu'il se régalait d'un fantasme nauséabond. Je resserrai les jambes et tirai sur ma robe, ravalant le fiel qui grossissait dans ma gorge.

— J'ai appelé votre associée au sujet de notre gala annuel, et elle m'a assuré que votre entreprise saurait pallier la défection de notre organisatrice habituelle.

— En effet, monsieur. Nous nous engageons à ce que vos invités ne pâtissent en aucun cas de ce petit... désagrément de dernière minute. Joan m'a indiqué que vous deviez me confier un dossier.

— Je vous le donnerai à la fin de notre entretien.

Il s'enfonça dans son fauteuil, qui bascula légèrement, et tira sur son cigare. Une fumée âcre et désagréable se propagea dans le bureau. Je plissai le nez, mais gardai le sourire, me concentrant sur la décoration minimaliste de la pièce.

— Que faisiez-vous avant ? demanda-t-il finalement.

— Je travaillais à Boston. Trader. Je suis revenue dans la région pour des motifs personnels.

— Un homme, je présume.

— En effet.

— Un sacré veinard, si je puis me permettre.

— Je crains que votre commentaire ne soit mal placé, puisqu'il est mort il y a deux ans d'un cancer. C'était le mari de mon associée, poursuivis-je en savourant le léger malaise qui habitait le regard de mon vis-à-vis.

— Vous m'en voyez désolé, s'excusa-t-il mécaniquement.

— Pas autant que moi. Avez-vous d'autres questions ? m'enquis-je.

Il se redressa et je compris qu'il me prenait enfin au sérieux. Si j'étais partie sur des bases difficiles avec la fée Clochette, j'avais désormais une partie de son attention. J'étais déterminée à l'avoir tout entière en sortant de ce bureau.

— Joan et moi travaillons avec des prestataires régionaux. Je peux vous garantir une facture allégée de nos intermédiaires.

— Et comment ferez-vous ça ?

— En ne mentionnant pas votre nom. Je refuse de voir un devis gonflé simplement parce que tout le monde sait que vous êtes en mesure de payer deux fois le prix habituel pour une bouteille de champagne.

— Ma chère, vous devez savoir que l'argent n'est pas franchement un problème pour nous.

— Je le sais, admis-je. Je vous parle de réputation, monsieur. Souhaitez-vous être l'homme le plus escroqué de cette ville ?

De nouveau, il tira sur son cigare, méditant mes dernières paroles. Un sourire victorieux s'afficha sur mes lèvres. Le moment de nervosité était passé, je redevenais la guerrière, la femme d'affaires que j'avais été avant.

— Notre gala annuel est un événement. Le gouverneur sera présent, déclara-t-il.

— Je suis au courant. Je suis allée à l'université avec sa fille, Matilda.

— Charmante enfant.

— Délicieuse, en effet. D'ailleurs, je me suis permis de lui demander ses services de journaliste. J'ose croire que vous n'avez rien contre l'idée de faire la une du *Charlestonian Post* ?

— Je...

— Imaginez, une photo emblématique : Mme Banks, le gouverneur et vous-même. Voilà qui consoliderait votre réputation.

Le silence qui suivit fut éloquent. Le regard de Banks brillait comme celui d'un enfant le matin de Noël. Je savais qu'en tirant sur la corde de la réputation et de l'élargissement de son cercle d'influence, je marquerais des points. Pour la première fois depuis le début de notre confrontation, il posa son cigare et un sourire s'afficha sur son visage. Il ouvrit le dossier devant lui et me tendit une enveloppe.

— Votre chèque. Pour l'anniversaire de Cassie.

— Je vous remercie, dis-je en le récupérant.

— Pour le gala, vous serez payée, évidemment, à la fin de la prestation. Néanmoins, vu la brièveté du délai, j'ai consenti à vous octroyer une avance de 30 %.

Il signa le chèque devant moi, le déposa dans

le dossier et poussa ce dernier de mon côté. J'osai croire qu'il n'attendait pas de ma part un remerciement quelconque. Je posai la main dessus, prête à m'en saisir, la chanson de la victoire jouant à pleins tubes dans ma tête.

— J'ai, toutefois, une dernière demande à vous soumettre.

— Liée à votre gala ? m'enquis-je avec intérêt.

— En effet, répondit-il en se levant de son fauteuil.

Sa haute et imposante stature me figea. Je repoussai la chanson de la victoire dans un coin de ma tête, tout en essayant de garder un masque impassible et confiant. Je lâchai le dossier et m'enfonçai dans mon fauteuil. Banks s'approcha de moi, légèrement en appui sur le bureau. Il reluqua mes jambes, une lueur de satisfaction brillant dans son regard. Nerveusement, je tirai sur ma robe une fois de plus, pliant les genoux.

— Puisque vous évoquez le sujet de notre réputation, je tiens à vous faire une proposition.

— Une proposition ? répétai-je dans un souffle.

— Voyez ça comme... un bonus. Ou comme un passeport pour votre propre réputation.

— Monsieur, notre société est...

— ... agonisante. Ne me prenez pas pour un imbécile. J'ai fait mes recherches et vous êtes à deux doigts de la banqueroute. Ce gala est plus important pour vous que pour moi.

— C'est vrai, admis-je. C'est pourquoi nous sommes disposées à faire les efforts nécessaires pour que cette soirée soit une réussite.

— Une réussite qui en amènera d'autres, évidemment, conclut-il.

J'acquiesçai, tétanisée par son regard glacial et le changement d'atmosphère de la pièce. Ma confiance avait disparu dès l'instant où il s'était levé. Je m'entendis déglutir lourdement, et relevai finalement la tête pour lui signifier mon attention.

— J'aimerais que vous soyez présente à la soirée de gala, lâcha-t-il, les yeux brillants.

— Je le serai, monsieur. Pour m'assurer que...

— En tant qu'invitée, m'interrompit-il. Vous serez la cavalière de mon fils.

— Monsieur, je ne crois pas que cela soit possible. J'ai besoin d'être disponible pour coordonner les prestataires et...

— Peter est un homme charmant, cultivé. Quand il vous invitera, je veux que vous acceptiez.

— *Quand* il m'invitera ?

— Parce qu'il le fera : vous êtes tout à fait son style.

Je me retins de lui dire le fond de ma pensée. Si mon flair était toujours aussi bon, M. Aston Martin avait une prédilection pour tout ce qui avait un vagin.

— Je vous confirme que je ne suis pas intéressée par cette... offre. Par ailleurs, j'ai du mal à cerner votre intérêt.

— Vous ne me croyez pas capable d'un acte gratuit ? s'étonna-t-il avec un rire gras.

— Donnez-moi tort, le défiai-je.

— Je tiens simplement à éviter les ragots de l'an dernier.

— Vous voulez dire ceux racontant qu'il a été vu avec trois femmes différentes au cours de la soirée ? le corrigeai-je en riant jaune. Vous n'êtes pas sérieux !

— Je le suis. Je doublerai votre chèque à la fin du gala si vous tenez ce rôle. Oserais-je vous parler des retombées médiatiques ?

J'eus un hoquet de frayeur, prenant conscience que le piège était en train de se refermer sournoisement sur moi. Quelques instants auparavant, je pensais avoir la situation sous contrôle, je pensais être celle qui menait l'échange. Maintenant, je me retrouvai dans ce bureau, perdue, sous l'emprise d'un homme puissant qui jubilait de me voir en plein marasme.

— Imaginez, une photo emblématique. Mon fils accompagné d'une seule femme, plutôt jolie en plus.

Il se pencha pour mettre son visage à la hauteur du mien. Un sourire mesquin étira ses lèvres et son haleine chargée de tabac me fouetta la figure.

— Voilà qui établirait votre réputation, chuchota-t-il, conspirateur. Et puis, qui sait, peut-être qu'il vous plaira vraiment, ajouta-t-il en retournant s'asseoir, satisfait, à son bureau.

Je le dévisageai, brûlant de l'agonir d'injures, de l'étrangler de mes propres mains ou de menacer de livrer ce chantage à la presse. Mais, en voyant le dossier contenant mon chèque d'avance, je ravalai ma haine au profit de ma dignité.

— Je refuse, monsieur, dis-je en me levant.

— Je me doutais de votre réponse.

— Ce que vous me demandez est... atroce. Je ne joue pas la comédie, ce n'est pas mon rôle. Si vous souhaitez trouver une cavalière pour votre fils, conseillez-lui de rôder dans les rues malfamées de Charleston. Avec son Aston Martin, il trouverait sûrement de quoi se sustenter.

— Je triple votre rémunération.

— L'argent ne me fera pas changer d'avis ! soufflai-je, à deux doigts de quitter la pièce.

— L'argent, non, mais l'avenir de cette chère Mia, peut-être.

Je m'immobilisai, la main posée sur la poignée de la porte. Après lui avoir lancé un regard glacial et avoir ravalé ma colère bouillonnante, je retournai devant lui, en soutenant le sien. Pendant longtemps, j'avais côtoyé des hommes dans son style : riches, imbus d'eux-mêmes, égocentriques. Je ne le craignais pas.

— Ce que vous faites est... dégoûtant. Vous pouvez vous servir de moi, mais pas de Mia.

— Ma chère, les cartes sont entre vos mains. Soyez la cavalière de mon fils au gala et l'avenir de Mia est assuré.

Le dossier, toujours sur la table, me faisait de l'œil. La proposition était tentante, mais remettait bien trop en cause mes principes.

— Quelle est la prochaine étape ? Vous me paierez pour que je couche avec lui ?

— Je n'irai pas jusque-là. J'ose croire que mon fils saura négocier un éventuel bonus... gratuitement.

— Vous êtes un type infâme.

— Je suis un type riche, objecta-t-il en me tendant le dossier. Vous pouvez disposer.

Après une courte seconde de réflexion, je lui arrachai le dossier des mains et sortis, furieuse, du bureau. À peine eussé-je claqué la porte qu'un rire tonitruant me parvint et que la gouvernante surgit de nulle part. Je passai devant elle, me fichant éperdument des règles de bienséance, sans prendre le temps de la saluer poliment.

Mon van démarra du premier coup et je m'offris le luxe d'un dérapage au milieu du gravier. Je passai la grille, manquant d'érafler les portières de Ted, avant d'accélérer sur la route, maudissant les Banks et leur descendance pour les trois prochains siècles. J'arrivai chez Joan dans un état second. Pendant le trajet, j'avais réfléchi à l'opportunité de tout lui dire. Mais l'argument Mia, ses études, leurs vies déjà bien abîmées m'avaient décidé à me taire. Je prétexterais une invitation non déclinable de cet homme.

— Tout s'est bien passé, dis-je avec un sourire en franchissant le seuil de sa maison.

— Super ! s'écria Joan en m'arrachant le dossier des mains. Il a déjà un traiteur, ça devrait nous faciliter la tâche.

— En effet, répondis-je, ravie de la voir sourire si largement.

— Comment est le patriarche Banks ?

— Comme tous les gens de son espèce, plus attaché à l'argent et à son nom qu'à sa propre femme, sifflai-je avant de m'effondrer sur le canapé.

— Il t'a déjà réglée ? s'étonna-t-elle en prenant le chèque.

— Juste une avance.

— De ce montant ?

Elle me montra le chèque et je me rendis compte que Banks Senior l'avait rédigé bien avant son indécente proposition. Je me mordis les lèvres pour retenir un juron, grimaçant un sourire convenu.

— Tu m'as demandé de négocier un bonus, non ? lançai-je à Joan.

— Qu'as-tu négocié ? s'enquit-elle avec curiosité.

— Le délai, répliquai-je sans ciller. Et quelques prestations annexes sans importance pour lui, mais trébuchantes pour nous.

Joan sourit de nouveau, serrant le chèque contre son cœur. Sa réaction de joie pure me confirma que j'avais fait le bon choix en gardant sous silence le bonus odieux soutiré par Banks. Être la cavalière de son fils me coûterait, mais le jeu en valait la chandelle.

Mia entra dans le salon, un de ses livres de cours sous le bras. Elle me fit un léger sourire, avant de froncer les sourcils.

— Pour toi, de la part de mon prof, indiqua-t-elle en me tendant une carte de visite.

— Le bûcheron canadien, expliquai-je rapidement à Joan.

Je retournai la carte, découvrant un lieu et une date : cet après-midi, dans le bar du seul hôtel chic de la ville. Je soupirai lourdement, repensant à mon état de ce matin. J'avais passé une nuit chaotique après une simple conversation ; je redoutais mon état après un rendez-vous en bonne et due forme.

— Tu devrais lui demander de t'accompagner pour le gala des Banks, suggéra Mia près de moi.

— Je suis déjà accompagnée, murmurai-je en détaillant la carte de visite.

— Par ton ombre ? se moqua Joan.

— Peter Banks. Le fils. Longue histoire dont je t'épargne les détails parce que je t'aime et que je suis claquée, lançai-je en me redressant.

— Je vais aller porter le chèque à la banque.

— Et moi, je vais conduire Ted chez le garagiste.

Je triturai la carte de visite entre mes mains, ne sachant pas vraiment quoi en faire. L'idée du rendez-vous était tentante, mais la proposition de Banks concernant son fils me trottait toujours en tête.

Être vue avec un autre homme ruinerait certainement sa belle opération de communication et donc mon bonus.

— Et je vais appeler ton prof pour lui signifier

que prévenir seulement deux heures avant n'est franchement pas une bonne idée, dis-je en riant.

— Elizabeth Reilly ! Cet homme te plaît ! s'exclama Joan en s'esclaffant.

— Ne sois pas stupide, marmonnai-je. Je dois aller au garage.

— Liz, tu es sur la défensive. Tu rougis, même ! ajouta-t-elle en me montrant du doigt.

Je sentais effectivement que mon visage me brûlait un peu. Ce n'était pas tant le physique de cet homme, plutôt séduisant par ailleurs, qui me faisait tant d'effet, que ses derniers mots et l'idée excitante de l'imaginer en train de me retirer ma robe. Joan me prit la carte de visite des mains et rit de plus belle en lisant les indications au dos de la carte.

— Il est persuadé que je lui dois une faveur pour m'avoir dépannée sur le parking du supermarché, expliquai-je.

— Que crains-tu ? Va prendre un verre, amuse-toi !

— Joan, ce n'est absolument pas... Cet homme se comporte comme si mes journées étaient libres ! Il me prévient deux heures avant !

— Tes journées sont libres, corrigea Joan. Tu vas le faire mariner pour le principe ?

— Je pourrais, en effet !

— Ça se confirme, il te plaît ! Et si tu veux mon avis, il est plus futé que les autres, s'amusa-t elle en agitant la carte devant moi.

— Et pourquoi ça ?

— Le lieu du rendez-vous... Curieusement, juste en face du garage où tu déposes Ted.

Je lui arrachai la carte des mains, découvrant, dépitée, qu'elle avait raison. Le bar donnait juste en face de l'entrée du garage. Et je ne passais pas spécialement inaperçue avec Ted.

— Bon sang, soufflai-je en me souvenant de notre conversation.

Je lui avais donné moi-même l'information. Quelle belle preuve d'intelligence, me fustigeai-je. Après M. Aston Martin et son ego démesuré, voilà que je me heurtais à un Canadien qui avait oublié d'être bête. Je soupirai lourdement, et Joan me raccompagna à la porte en riant.

En roulant vers le garage, je cherchai à monter un plan, un mensonge, n'importe quoi pour justifier mon refus de ce rendez-vous. Apparemment, cet homme était têtu et prêt à toutes les bassesses — y compris à se servir de Ted et de sa santé fragile — pour parvenir à ses fins.

Le garagiste haussa un sourcil circonspect en me voyant entrer dans sa cour. Ted montra son mécontentement et cracha un nuage étouffant de fumée, avant de caler. Je saluai le mécanicien et celui-ci souleva le capot de mon van, les sourcils froncés.

— J'en ai au moins pour la semaine. Vous êtes sûre de...

— Je veux garder ce van, c'est... sentimental, expliquai-je à l'homme éberlué.

— Je ne vous garantis rien, s'excusa-t-il avec peu de conviction.

— Je comprends. Mais essayez, s'il vous plaît. Pour me faire plaisir, ajoutai-je en minaudant un peu.

— Encore une requête que je pourrais satisfaire, mademoiselle Reilly, lança une voix rauque derrière moi.

Je me retournai lentement, me composant un

visage neutre et dénué de toutes les mauvaises intentions qui me parcouraient l'esprit.

— Monsieur Banks, soufflai-je, avec la ferme envie de fuir au plus vite.

— Peter, corrigea-t-il. Ôtez-moi d'un doute, mais il me semble que nous sommes bien à notre troisième rendez-vous.

— De toute évidence, vous êtes resté au pays imaginaire, me moquai-je.

— Traumatisme léger lié à notre première rencontre, riposta-t-il. Vous étiez ravissante. Mais je dois admettre que cette tenue vous sied aussi parfaitement.

Il me fit un sourire énigmatique, son regard appréciateur me détaillant. Curieusement, je me sentis rougir furieusement, écartelée entre mes pensées bouillonnantes et mes hormones affolées.

— Votre entretien avec mon père s'est-il bien passé ? s'enquit-il en s'approchant de moi.

— Pour être honnête, je ne doute plus de votre parenté avec Raspoutine.

— La manipulation est son fonds de commerce, lâcha-t-il avec un soupçon d'amertume.

— Vous ne cautionnez donc pas ? m'étonnai-je, stupéfaite.

— Aucunement. Je n'ai de commun avec mon père que le nom. Croyez-moi, s'il considère que c'est une chance, j'ai plutôt tendance à voir cela comme un boulet que je traînerai jusqu'à ma mort.

Il s'approcha de moi et m'entraîna vers la sortie du garage. Sa main se posa avec légèreté dans le bas de mon dos. Je risquai un sourire à son intention, appréciant qu'il se comporte enfin en gentleman.

— Je crois que nous sommes partis sur des bases... difficiles, reprit-il en se postant face à moi.

— Je le crains. Avez-vous cru que j'allais tomber sous votre charme époustouflant dans la minute ?

— Mon charme époustouflant ? répéta-t-il en riant. Sincèrement, j'aurais été déçu de vous voir céder si facilement.

— Je ne cède pas à l'esbroufe, assurai-je en désignant sa voiture garée sur le bas-côté de la route.

— Que diriez-vous si je vous invitais à dîner ?

— Je dirais que c'est exclu.

— Boire un verre, dans ce cas ?

— Je ne suis pas intéressée, rétorquai-je en souriant.

— Y a-t-il un autre homme ?

— C'est la seule raison qui rendrait mon refus acceptable ?

— À mes yeux, oui. Tentez-vous de me faire croire que je ne vous plais pas ?

— Vous ne me plaisez pas, assurai-je.

Il s'approcha à nouveau de moi, son corps envahissant mon espace intime. D'un mouvement rapide, il chassa une mèche de cheveux de mon visage et plongea son regard dans le mien.

— Je ne vous cache pas qu'il est rare qu'une femme me repousse. C'est même une première.

— Bienvenue dans le monde réel, Peter, ironisai-je.

— Vous refusez un dîner, puis un verre. Vous êtes une énigme. Je suis... fasciné. Et je serais curieux de vous voir dans une robe de soirée au gala de mon père.

— Vous ferez un accessoire formidable à mon bras, raillai-je en retenant un rire.

Brutalement, je me sentis tirée en arrière par un bras puissant passé autour de ma taille. Mon dos percuta un torse musclé, pendant que la peau fine de mon cou réagissait immédiatement au contact râpeux d'une barbe naissante.

— Qu'est-ce...

— Bonjour, mon cœur. Nous avions rendez-vous, murmura la voix de Jonathan derrière moi.

Il me fit pivoter pour que je lui fasse face et posa un léger baiser sur mes lèvres. Stupéfaite, je me figeai et, avec un sourire, il réitéra son geste, pressant sa bouche tendrement contre la mienne.

— Tu me présentes ? chuchota-t-il à mon oreille.

Chapitre 4

Sonnée et les jambes flageolantes, je plaquai les mains sur le torse du Canadien. Je relevai prudemment les yeux vers lui, remarquant la crispation de sa mâchoire pendant qu'il fusillait des yeux Peter Banks. Son bras enroulé autour de ma taille me coinçait contre lui et sa barbe piquante effleurait ma pommette. Son regard obliqua vers moi et un sourire présomptueux fleurit sur ses lèvres. Je le repoussai, me libérant de son emprise, et pivotai, me retrouvant face à mes deux... prétendants.

Je tentai de me recomposer un visage, mais mon agacement s'exprima dans un profond soupir. Peter me lança un regard où je devinais une forme d'incompréhension. Brutalement, mes automatismes revinrent, mon sourire réapparut et j'ouvris la bouche, prête à faire les présentations.

Je la refermai aussitôt en voyant Jonathan tendre la main vers Peter.

— Peter, quelle bonne surprise, déclara-t-il avec un sourire.

— Ça fait un bail, répondit Peter en lui serrant la main. Depuis les fêtes, non ? Je m'en souviens, maintenant : tu m'avais dit que tu allais revenir dans la région.

— Oui, j'ai fini par décrocher un poste ici. La vie citadine n'était pas réellement pour moi.

Mon regard stupéfait passa de l'un à l'autre, avec la sensation étrange de revivre un duel au sommet entre McEnroe et Connors à Flushing Meadows : cordial mais viril. Leur poignée de main s'éternisa et je compris alors que celui qui relâcherait la main de l'autre serait sûrement désigné comme le perdant de leur échange. Je me raclai la gorge, espérant mettre fin à cette atmosphère de mauvais western.

— Je constate que les présentations ne sont pas nécessaires, dis-je finalement.

— Nous sommes... de vieilles connaissances, répondit Jonathan, souriant, en libérant la main de Peter.

Ce dernier acquiesça, éveillant ma curiosité. Comment deux hommes si différents, de milieux si opposés, pouvaient-ils se connaître ? Et surtout, comment expliquer cette animosité entre eux deux ? Il y eut un silence étrange, tendu, où j'avais la sensation désagréable d'être l'objet d'une mauvaise blague.

— Liz, si vous n'y voyez pas d'inconvénient, nous devrions y aller. J'ai réservé une table, ajouta-t-il en guise d'explication.

— Je... Oui, bien sûr, balbutiai-je.

— Mademoiselle Reilly, murmura Peter Banks en faisant un pas vers moi, je présume que nous nous reverrons très vite.

Il captura ma main et la porta à ses lèvres, sa bouche se posant un peu plus longuement sur ma peau que ne l'exigeait la bienséance. Mes doigts tremblèrent légèrement et il me libéra avec un dernier sourire. D'un signe de tête furtif, il salua Jonathan, puis il m'offrit un dernier regard sombre. Il mit ses lunettes de soleil et tourna les talons en direction de son Aston, garée sur le trottoir.

Soudainement, l'atmosphère devint de nouveau respirable et les muscles de mon dos, pétris de douleur, me firent grimacer. Je frottai nerveusement mes mains l'une contre l'autre, redirigeant mon attention vers le Canadien. Le souvenir de ses lèvres contre les miennes me revint violemment, déclenchant dans tout mon corps une vague de colère, mâtinée de désir.

— Je peux savoir ce qui vous a pris ? demandai-je, en tentant de canaliser ma rage.

— J'aime sauver les jeunes femmes en détresse. Vous en particulier.

— En détresse ?

— L'héritier Banks semblait insistant.

— Félicitations, voilà un trait de caractère que vous avez en commun.

— Vous me trouvez insistant ? s'étonna-t-il. Je vous ai juste invitée à prendre un verre !

— Vous ne m'avez pas invitée, vous m'avez convoquée, assenai-je, de mauvaise humeur. Et vous m'avez embrassée !

— Je n'ai pas trouvé ça si déplaisant, s'amusa-t-il. Surtout la deuxième fois. En revanche, j'aurais apprécié une plus grande participation de votre part.

— Certes, j'aurais dû vous gifler.

Il éclata de rire, secouant la tête d'incrédulité. Je soupirai de nouveau, défaite, avant de tourner les talons et de le laisser, hilare, sur le trottoir.

— Liz, attendez !

— Allez vous faire voir, criai-je en entendant ses pas se rapprocher.

— Ne le prenez pas comme ça !

Il m'attrapa par le coude et me fit pivoter pour lui faire face. Il planta son regard dans le mien, une lueur d'amusement persistant dans ses pupilles.

— C'est vrai, vous auriez dû me gifler, admit-il. D'ailleurs, je pensais que vous alliez le faire. Le second baiser n'était pas franchement prévu, mais il a tenu toutes ses promesses.

— Comment connaissez-vous Peter Banks ? lançai-je, à vif.

— Nous étions à l'école ensemble.

— Ça n'explique pas l'animosité que j'ai sentie entre vous deux.

— En effet. Je pense que cette... « animosité » tient plus à vous qu'à la relation que j'entretiens avec lui. De toutes les embûches que je pensais rencontrer, je dois admettre que je n'avais pas pensé à Peter Banks.

— Toutes les embûches ?

— Liz, vous êtes l'incarnation d'Alcatraz ! assena-t-il avec un sérieux désarmant.

— Jonathan, sans vouloir remettre en cause vos techniques de séduction, comparer une femme à une prison n'est franchement pas une bonne idée.

— Peut-être. Mais me rembarrer constamment avec de mauvais prétextes ne me rendra pas moins... insistant.

— Oh ! vraiment ? fis-je en croisant les bras sur ma poitrine dans une tentative de rébellion.

— Vos jambes tremblaient, murmura-t-il en se penchant vers moi, sa bouche à proximité de mon oreille. Votre corps entier vibrait contre le mien. Aurais-je eu une dose de culot supplémentaire, j'aurais pu tout à fait approfondir ce baiser.

Il recula d'un pas, m'observant toute pantelante.

Mes jambes flageolaient de nouveau, mon corps entier frémit et je me surpris à porter le bout de mes doigts à mes lèvres sèches.

— Maintenant, j'aimerais vraiment que nous allions boire ce verre, lança-t-il en désignant l'hôtel d'un geste de la main.

— Juste un verre ?

— Je ne promets que ce que je suis certain de pouvoir vous offrir, Liz. Après vous.

Un énième soupir s'échappa de ma gorge pendant que nous nous dirigions, côte à côte, vers le bar de l'hôtel. Le maître d'hôtel nous guida vers une des tables près des baies vitrées. D'un coup d'œil, je remarquai l'entrée du garage. Je voyais même la carcasse de Ted. Le Canadien suivit mon regard et eut un sourire.

— Vous m'espionniez ?

— Je voulais être certain que vous n'alliez pas vous défiler !

Il tira ma chaise et je m'installai, espérant ne pas avoir plongé, tête la première, dans la gueule du loup. D'un geste de la tête, il appela le serveur.

— J'espère que vous aimez le vin, lança-t-il.

— Si je vous réponds non, m'octroierez-vous de choisir ce qui me plaît ?

— Dans la mesure où j'ai déjà dû prendre des mesures inhabituelles pour vous avoir en face de moi, je pense que c'est une option que je me dois d'envisager.

Le serveur se posta près de nous, son regard passant du Canadien à moi. Jonathan me dévisagea, attendant un geste de ma part. Je risquai un sourire, par pure provocation.

— Deux verres de château-giscours 2009, commanda-t-il sans me quitter des yeux.

Le serveur prit la fuite en direction du bar.

— Plutôt classique comme choix, déclarai-je.

— Vous vous y connaissez ?

— Mon père m'a initiée quand j'étais plus jeune. J'y ai pris goût, admis-je en souriant. Le seul problème de ce genre de hobby, c'est son coût.

— À événement exceptionnel, vin exceptionnel. Quel est votre préféré ?

— Château-d'yquem. Un sauternes de 1999 qui m'a fait entrevoir le paradis. Mon banquier a encore du mal à s'en remettre.

— Quel genre d'événement fêtiez-vous ?

— Ma ruine. Et mon licenciement. Tout ça le même jour, ça valait bien trois cents dollars et ça reste moins cher qu'une psychothérapie.

Jonathan étouffa un rire, les yeux plissés d'amusement. Le serveur réapparut et ouvrit la bouteille dans un cérémonial emprunté. Mon vis-à-vis goûta le vin, réprima un gémissement de plaisir et, d'un hochement de tête, intima au serveur de remplir nos verres. Je contemplai la robe rouge profond du vin, avant de saisir le verre et de le faire légèrement tourner. Je sentis sur moi le regard de Jonathan, qui attendait mon verdict.

— Il manque un peu d'audace pour moi, soulignai-je après en avoir bu une gorgée.

— Je n'allais pas vous servir le grand jeu, après vous avoir acculée à ce rendez-vous. Par ailleurs, je crois me souvenir que vous me devez toujours un dîner.

— Je pensais que le débat était clos, puisque j'ai accepté d'être l'un des chaperons à la fête de fin d'année.

— Je n'ai rien promis, murmura-t-il. J'ai dit que j'allais essayer et c'est ce que j'ai fait, avant de prendre conscience que j'avais vraiment envie de dîner avec vous.

— Vous avez laissé passer votre chance quand elle s'est présentée, dis-je.

— Peut-être. Je ne crois pas vous avoir complimentée sur votre robe. D'ailleurs, n'est-ce pas *la* robe ? s'enquit-il.

— En effet, admis-je. Juste une coïncidence. Je sors d'un rendez-vous professionnel.

— A-t-il porté ses fruits ?

— Oui, soufflai-je en repensant à la proposition indécente que j'avais acceptée. Suffisamment pour m'offrir un nouvel yquem quand tout sera terminé.

Jonathan reprit une gorgée de vin, me regardant intensément pendant que sa langue claquait sur son palais. Sa barbe naissante ne masquait pas ses lèvres et je me surpris à observer sa bouche.

— J'y ai repensé aussi, murmura-t-il.

— À quoi ?

— À vous embrasser. Mais j'ai vraiment peur de la gifle, cette fois. Je ne voudrais pas abuser de ma chance.

— Vous avez raison de la craindre. Mon père m'a initiée au vin *et* à la boxe, ce qui me rend redoutable, même pour vous.

— Et pour Peter Banks ? s'inquiéta-t-il sans détour.

— Pour lui, comme pour tous les autres. Même si je dois admettre que vos manières me semblent plus... conformes.

— Laissez-moi deviner : il vous a vue et il a décidé que vous deviez faire partie de son tableau de chasse ? Si je me souviens bien de son fonctionnement habituel, il finira par vous inviter à dîner dans un endroit hors de prix ; le lendemain, il vous enverra des fleurs et il vous déclamera une absurdité poétique, avant de vous entraîner au troisième étage de la demeure des Banks où se niche sa garçonnière.

Je reposai mon verre, un peu surprise par un tel déferlement de mépris. Certes, le personnage de Peter Banks ne m'était pas très sympathique, mais la pointe de fiel dans la voix de Jonathan et la façon même dont il triturait son verre cachaient quelque chose de plus profond.

— Peut-être suis-je la femme qui ferait changer Banks ? suggérai-je.

— Et mettre fin à une longue dynastie de manipulateurs prétentieux ? Liz, sans vouloir vous offenser, je doute que vous ayez ce pouvoir.

— Vous ne connaissez pas l'étendue de mes atouts, m'esclaffai-je pour détendre un peu l'ambiance.

— Certes, mais le peu que j'en ai vu me plaît beaucoup. Parlez-moi plutôt de vous. Qu'est-ce qu'une fille comme vous fait dans ce trou paumé ?

Je bus une longue gorgée de mon verre, rassemblant mes pensées confuses. Quand je le reposai, Jonathan me dévisageait toujours, curieux et intéressé. Je pris une profonde inspiration et entrepris un résumé de ma vie.

— J'ai grandi ici, jusqu'à mes 14 ans. Mes parents ont divorcé, j'ai suivi mon père à Philadelphie. J'ai eu un parcours assez classique : université, diplôme de finances et j'ai fini trader. Je suis revenue pour Joan. Son mari était mourant, elle avait besoin d'aide et j'ai fini par rester. Joan est... ma meilleure amie, si on peut dire.

Un souvenir fugace de notre adolescence, à l'époque où nous faisions le mur pour retrouver nos amis, me revint et me tira un sourire heureux. Tout était simple alors, facile, et je n'avais pas la sensation d'être en guerre contre le monde entier.

— Et vous, quelle est votre histoire ? demandai-je en me reprenant.

— Un peu semblable à la vôtre. J'ai été élevé par ma mère, ici même. Je suis parti dès que j'ai pu et, finalement, je suis revenu. En tout cas, rien que pour ce verre bu avec vous, je ne le regrette pas.

— Êtes-vous en train de me...

— ... séduire ? Totalement ! s'exclama-t-il.

— En me parlant d'une forme de... destin ou de prédestination ? m'étonnai-je.

— De ça, et de mes bonnes manières. Et aussi en titillant votre point faible, ajouta-t-il en riant.

— Je n'ai pas de point faible, assurai-je.

— Non ?

— Non.

— Comment va Ted ? demanda-t-il à brûle-pourpoint.

J'étouffai un rire, le camouflant dans une nouvelle gorgée de mon verre. L'alcool aidant, j'étais plus détendue, plus naturelle devant lui.

— Bien. Vous avez gagné, j'ai effectivement un point faible, admis-je. Ted... Ted va bien et il ira encore mieux d'ici quelques jours.

Il réprima un rire à son tour, pendant que je rougissais violemment. Ayant toujours été très fière de Ted, je n'arrivais pas à m'expliquer pourquoi maintenant, devant lui, j'étais gênée d'en parler.

— Vous pouvez vous moquer ouvertement, soufflai-je, intimidée.

— Aucunement. Je vous trouve très... touchante. Que diriez-vous d'un dîner ? proposa-t-il. Mon verre est quasiment terminé et je n'ose pas en commander un autre.

— Vous avez peur que je refuse ?

— Au contraire. Si vous acceptez, je ne pourrais plus, aux yeux de la loi, conduire. Ce qui signifie que je devrais rester dormir ici ; connaissant votre tempérament, vous prendrez ça pour un guet-apens. Je passerais pour un goujat absolu, j'aurais donc ruiné non seulement notre soirée, mais aussi toutes mes chances avec vous.

— Et je filerais me consoler dans les bras de Peter Banks ? conclus-je, en verrouillant mon regard au sien.

— Pourquoi me torturez-vous ainsi ? s'amusa-t-il en hélant le serveur.

— Parce que c'est nettement plus drôle que de fondre devant vos avances.

— Parce que vous pensez vraiment qu'il s'agit d'avances ?

Son sourire persista, mais son regard changea. L'amusement avait fait place à quelque chose de plus fort, quelque chose qui faisait vibrer mon corps et qui me coupait le souffle. Le serveur se présenta avec l'addition et, pendant que Jonathan signait la note, je me composai un visage, cachant mes tremblements intempestifs.

— Expliquez-moi la limite entre ce que vous faites et... des avances, suggérai-je en calant mon menton dans le creux de ma main.

— Le terme « avances » est tellement... vulgaire, non ?

— Vous me draguez, assurai-je en souriant.

— Certes. Mais avec une certaine forme d'élégance.

— Vous m'avez embrassée en pleine rue.

— Vous auriez préféré en privé ? Ça peut s'arranger. Dînez avec moi.

— Sinon quoi ?

— Je connais votre point faible, lança-t-il en riant en se levant de table.

— Que comptez-vous faire ? Retenir Ted en otage ?

Il contourna la table et tira doucement ma chaise en arrière. Ce faisant, son souffle effleura le creux de mon épaule. Je devinais plus que je ne voyais sa présence derrière moi.

— Liz, je ne ferai rien sans vous demander votre avis, murmura-t-il. Je ne suis ni un dragueur ni un propriétaire d'Aston Martin. J'aime le bon vin, discuter avec vous et, accessoirement, je dois admettre que j'aime aussi vous embrasser. Je peux vous proposer un dîner demain soir.

Je pivotai légèrement vers lui, mon visage se trouvant à une dangereuse proximité du sien.

— Juste un dîner ? demandai-je la gorge serrée.

— Juste un dîner, assura-t-il en se redressant pour me libérer.

— Et vous resterez... sage ? soufflai-je, une vague sensation de chaleur parcourant mon corps.

— Croix de bois, croix de fer, jura-t-il en levant la main comme un boy-scout.

Il me fit un superbe sourire, avant de m'escorter jusqu'à la sortie. Il y eut ensuite un moment de flottement, devant l'hôtel : à l'instant où je tendais la main, il pencha son visage vers moi. Il étouffa un rire tandis que je lui lançais un regard sombre.

— Je ne vous propose pas de vous raccompagner, dit-il tout en s'avançant vers un pick-up noir couvert de boue.

— Parce que vous avez honte de votre voiture ?

— Parce que j'ai promis de vous laisser le choix dans notre... relation. Par ailleurs, je vois Mia au coin de la rue.

Je relevai la tête pour constater qu'effectivement elle était là et m'adressait un petit sourire. Elle serrait son sac à dos calé sur son épaule.

— Elle était mon plan de sauvegarde, expliquai-je. Vous savez, le « sauve-moi-de-là-tout-de-suite ».

— Je connais, j'y ai déjà eu recours. C'est une histoire que je réserve pour demain soir. Vingt heures ? Je vous indiquerai le lieu du rendez-vous. En échange, gardez-moi une de vos histoires.

Il monta dans son véhicule et le démarra. Descendant la vitre, il me regarda, son visage surplombant le mien.

— Ce que je vous ai dit au lycée tient toujours.

— La soirée ?

— Votre robe. J'ai toujours très envie de vous la retirer, me rappela-t-il pendant que ses yeux naviguaient sur mon corps.

— Merci de votre prévenance, je pense pouvoir me débrouiller.

— Pas aussi bien que moi. Ne faites pas trop de folies, ajouta-t-il en désignant Mia d'un mouvement de tête.

— Je vous demande pardon ?

— Elle va vous entraîner dans un marathon shopping pour le bal de fin d'année. Je vous suggère d'appliquer la méthode que j'utilise pendant les exposés trop longs de mes élèves. Vous prenez un air entendu et vous hochez la tête régulièrement.

— Vous savez, Jonathan, je suis une femme. Faire du shopping n'est pas vraiment une corvée.

— Dans ce cas, je dois vous dire que j'aime beaucoup le rouge sur une femme. Oh ! et la dentelle.

— Vous êtes...

— Et si vous pouviez éviter le cuir. Là encore, c'est une histoire que je vous réserve pour demain soir.

Son téléphone portable sonna et il grimaça en découvrant le nom de l'appelant. Brutalement, son humeur changea, son sourire facétieux s'estompant au profit d'une ride au front, profondément marquée, entre ses sourcils.

— Merci d'avoir accepté ce verre.

— Comme si j'avais le choix, rétorquai-je avec humour.

— Certes. Cela ne se reproduira pas, c'est promis. Bonne soirée.

Sur un dernier sourire, il remonta la vitre et, sans me laisser le temps de réagir, déboîta de sa place de parking pour s'insérer dans la circulation. Je contemplai stupidement l'arrière du pick-up, consternée qu'il soit parti aussi vite. Visiblement, le coup de téléphone avait ruiné son humeur.

— Maman m'a dit de venir te chercher, lança la voix de Mia derrière moi.

— Je... oui... Et il faut aller te trouver une robe, c'est ça ? balbutiai-je en pivotant vers elle.

— À toi aussi. Pour le gala, ajouta-t-elle en voyant que je ne comprenais pas.

— Ah, oui. Le gala. Les Banks.

— Et tu as rendez-vous avec la fleuriste dans une heure.

— Tu es en train de me dire que nous n'avons qu'une heure pour trouver ta robe et la mienne ? demandai-je, encore perturbée par la fuite de Jonathan.

— Maman a dit que ça devait être suffisant.

— Ta mère s'habillerait de sacs-poubelle. La seule fois où elle a mis une robe, ça devait être pour son mariage.

Mia étouffa un rire, pendant que je réfléchissais à toute allure. Trouver ma robe en moins d'une heure était largement faisable. Ce qui était plus compliqué, c'était l'état abyssal de mes finances : faire du shopping en ce moment ressemblait à une immense partie de cache-cache avec mon banquier.

— Mia, allons sur Kennedy Avenue.

— Kennedy Avenue ? répéta-t-elle en écarquillant les yeux.

— Parfaitement. Ta mère veut que je fasse des économies. Elle se trompe si elle pense y arriver en limitant mon temps dans les magasins. J'ai été trader dans une vie antérieure, je sais donc comment dépenser un maximum d'argent en un minimum de temps.

— Tu me fais peur, déclara Mia en me voyant sourire comme le chat du Cheshire.

— Et tu n'as encore rien vu ! C'est quoi, le thème ?

— Les films musicaux, elle fit en grimaçant.

Je l'imitai, songeant avec horreur qu'à son âge j'étais en adoration devant les pirouettes d'un Patrick Swayze d'anthologie, moulé dans un pantalon très certainement cousu sur lui, attendant fébrilement qu'un garçon me dise : « On laisse pas bébé (moi donc) dans un coin. »

Ce n'était pas le plus effrayant. Le plus effrayant, c'était de réaliser que l'équivalent contemporain de Patrick Swayze avait un brushing impeccable, des dents parfaitement alignées et une voix trop aiguë pour être honnête. Zac Efron manquait définitivement... de testostérone.

— Rassure-toi, tante Liz, je ne fantasme pas sur Zac Efron, me déclara finalement Mia. J'ai choisi *Moulin Rouge*.

— Je pourrais pleurer d'émotion, dis-je, une main sur le cœur. Ton éducation est parfaite !

La prenant par les épaules, je l'attirai contre moi, avant de nous diriger vers Kennedy Avenue. Sur le chemin, elle me dévoila qu'elle avait déjà repéré une robe, d'un rouge profond... Aussi profond que mon déficit à venir.

Après mes confrontations avec Banks père et fils, puis mon étrange rendez-vous avec Jonathan, passer du temps en compagnie de Mia était salvateur. Mais celle-ci finit par m'abandonner pour passer la soirée chez une amie et je choisis de me rendre à pied chez la fleuriste, à quelques pâtés de maisons d'où nous étions.

— Je vous raccompagne, mademoiselle Reilly ?

L'Aston Martin roulait à côté de moi, au pas, longeant le trottoir. Peter Banks avait ses fameuses lunettes vissées sur le nez et un sourire scotché sur les lèvres.

— Monsieur Banks, dis-je avec un sourire forcé. De deux choses l'une, soit vous me suivez, soit... vous me suivez !

— Je ne vous suis pas. Par ailleurs, ma proposition est honnête !

— Je préfère marcher, monsieur Banks. Vous devriez essayer à l'occasion.

— De marcher ?

— De vous débarrasser de vos accessoires de séducteur. Ça rend la chose beaucoup trop évidente.

Il freina brutalement, à en faire caler sa voiture, et en descendit, me rejoignant en quelques pas sur le trottoir. Il se posta devant moi, retira ses lunettes et les garda repliées dans le creux de la main.

— Quelle chose ? murmura-t-il.

— L'argent, le pouvoir. L'arrogance.

— Vous me jugez sur mon nom de famille ? s'étonna-t-il.

— Vous utilisez votre nom de famille pour parvenir à vos fins.

— Depuis quand fréquentez-vous Jonathan ?

— Je ne vois pas en quoi cela vous regarde.

— Cela me regarde. Je ne tiens pas à m'afficher au gala avec une femme qui sort avec un autre homme.

Je le dévisageai en m'interrogeant. Était-il au courant que son père m'avait payée pour accepter d'être sa cavalière ? Techniquement, il avait raison. M'afficher avec un autre homme pouvait ruiner mon odieux, mais nécessaire, arrangement avec Banks Senior.

— Votre père serait ravi de voir à quel point vous êtes attaché à la réputation de votre famille.

— Mon père n'a rien à voir dans tout cela.

J'avais maintenant ma réponse. Il ne savait rien.

— Je vous l'ai dit, je ne lui ressemble pas, poursuivit-il. Porter son nom me sert et, parfois, me dessert. Comme avec vous en ce moment.

— Alors quoi, je suis un défi pour vous ?

— Vous me plaisez. Je vous l'ai déjà dit. Mais je dois admettre que vous me décevez. Je vous pensais différente. Je me rends compte qu'en fait, comme toutes les autres, vous me jugez à mon nom de famille.

Il retourna à sa voiture, me laissant stupéfaite. Il remit ses lunettes sur son nez et s'installa au volant de son Aston Martin. Les pieds collés au sol, je pris conscience de mon comportement et de mon manque de confiance envers les hommes. J'étais de toute façon contrainte d'aller à ce gala avec lui, autant essayer de passer une bonne soirée.

— Attendez, criai-je. Vous avez raison. J'ai rendez-vous chez la fleuriste pour votre soirée ; si cela ne vous dérange pas d'attendre, je serais ravie que vous me raccompagniez.

— Vous refusez, et ensuite vous me faites attendre ? s'amusa-t-il.

— Je serai libre dans une heure, à prendre ou à laisser, le provoquai-je pour jauger l'honnêteté de son intérêt.

— Je prends, répondit-il en souriant. Et je ne vous laisse plus.

Il coupa de nouveau le moteur de sa voiture pour me rejoindre. Se plaçant à mon côté, il posa la main dans le creux de mon dos, prenant soin de retirer ses lunettes pour les coincer dans l'ouverture de sa chemise.

— Que faites-vous ? m'enquis-je, perplexe.

— Je vous accompagne chez la fleuriste. Si vous êtes sage, je vous offrirai...

— ... des roses ? l'interrompis-je. N'est-ce pas un peu cliché ?

— Totalement. Je pensais plutôt à un cactus. Tout à fait approprié à la femme que vous êtes. Nous devrions nous dépêcher, nous sommes attendus.

Et, sur un dernier sourire, il m'entraîna chez la fleuriste.

Chapitre 5

Pendant mon rendez-vous avec la fleuriste, j'appris deux choses.

Premièrement, « cuisse de nymphe » est une nuance de rose clair qui s'harmonise parfaitement avec le « blanc crème ». C'était important de le savoir, dans la mesure où toute la décoration de la salle de réception des Banks serait déclinée dans un camaïeu de ces deux couleurs évoquant l'élégance et le raffinement.

Deuxièmement, Peter Banks était un homme de parole. Non seulement il m'avait attendue dans un silence quasi religieux, me laissant tranquillement converser avec la fleuriste, mais il m'avait aussi offert un superbe cactus. J'hésitais encore entre le remercier ou m'en servir comme arme.

— Je vous en prie, dit-il en m'ouvrant la portière de l'Aston Martin.

Je m'installai, calant le cactus sur mes genoux. Banks contourna la voiture et, après s'être assis derrière le volant, démarra.

— Vous ne m'en voudrez pas si je roule vraiment doucement ? s'enquit-il avec un sourire victorieux.

— C'est donc à ça que vous avez réfléchi pendant une heure ? m'amusai-je.

— Oui. Du moins les dix premières minutes. Ensuite, j'ai remarqué cette cicatrice sur votre genou, ça m'a fasciné pendant vingt bonnes minutes !

— Accident de ski, croyez-moi, ce n'était pas du tout fascinant ! Il reste trente minutes.

— J'ai réfléchi à votre curriculum vitæ : études brillantes, poste prestigieux, famille modeste...

— Fée Clochette, conclus-je pour lui. Si vous vouliez mon pedigree, il fallait me le demander. Par ailleurs, votre père est au courant.

— Il m'a raconté pour Joan. Je suis désolé pour elle et sa fille.

Il me lança un regard et la sincérité que j'y décelai me désarçonna. Je n'avais encore jamais eu de véritable conversation avec Peter Banks. Ses multiples provocations et mes esquives ne m'avaient pas donné envie de passer du temps avec lui ailleurs que sur un ring de boxe. Son regard se reporta sur la route. Pour la première fois depuis que je l'avais rencontré, Peter Banks trouvait enfin grâce à mes yeux.

— C'est gentil, murmurai-je. Je suis revenue ici pour elle.

— Pourriez-vous envisager d'y rester pour quelqu'un d'autre ?

— Vous, par exemple ? suggérai-je avec amusement.

— Commençons par un homme, quel qu'il soit, je ne veux pas pousser ma chance trop loin, ce soir.

— Voilà qui est très raisonnable de votre part. Vous m'impressionnez, Peter, dis-je en souriant.

— Je sais. C'était la première étape du plan.

— Oh ! Je suis un plan maintenant ?

— Vous êtes plus que ça. Un défi, une lutte même.

La voiture s'arrêta et je me surpris à quitter Peter Banks des yeux pour constater que nous étions à un carrefour. Le feu était rouge et il en profita pour se tourner vers moi.

— Puis-je vous appeler Liz ? demanda-t-il brutalement.

— Vous pouvez, monsieur Banks.

— Liz, je ne sais pas si je dois vous remercier ou non. Je sais que ma réputation me précède, vous connaissez donc mon rapport compliqué aux femmes.

— Quand vous dites « compliqué », vous voulez bien dire « expéditif » ?

— Je veux dire fade. Sans intérêt, creux, vide. Et je me dois de vous dire que vous êtes la première femme à qui j'offre un cactus.

— Je suis flattée, répondis-je avec un sourire.

— Vous voyez ? C'est exactement ce que je voulais dire. Vous êtes flattée quand d'autres seraient furibondes.

— La flatterie, c'est la phase deux de votre plan ?

— Pas tout à fait.

— Un feu rouge, un cactus... Vous êtes si romantique, monsieur Banks, raillai-je.

— N'est-ce pas ? Je savais que ça vous plairait, plaisanta-t-il.

Il enclencha la première, le feu repassa au vert et il démarra, nous éloignant du centre-ville vers le quartier calme où j'habitais. Alors que je serrais le pot du cactus entre mes mains, une question me vint au sujet de Peter Banks, mais je fus prise de court par le principal intéressé.

— Pendant les dix dernières minutes, celles où vous étiez en train de négocier le prix avec la fleuriste, j'ai pensé à autre chose.

— Ma cicatrice, mon pedigree...

— J'ai pensé à votre amie, avoua-t-il. Et au gala.

— Vous ne voulez plus que je sois votre cavalière ? m'inquiétai-je brutalement.

Il s'esclaffa et secoua la tête. Pendant une brève et terrible seconde, j'avais d'abord pensé au chèque de son père plutôt qu'au gala en lui-même. Je chassai aussitôt la sensation désagréable que cela avait provoquée en moi, mon regard se riva sur mon cactus.

— Liz, je paierais pour aller à cette soirée avec vous ! reprit Peter sur le ton de la plaisanterie.

— Très gratifiant, ironisai-je en songeant à la proposition infâme de son père. Mais si vous voulez que Joan...

— Non, non. Vous savez, ce gala, c'est... Mon père aime que son nom soit glorifié, parfois craint, mais toujours en haut de l'affiche.

— C'est en partie pour cela que j'ai été embauchée !

— Cela ne m'étonne pas. Mais j'aimerais mettre à profit cette soirée de débauche pour une œuvre plus noble.

Je regardai son profil, stupéfaite. Cet homme arrogant, volontiers manipulateur et dragueur notoire était, finalement, humain. Il prit sur la gauche, remontant ma rue. J'étais toujours muette, abasourdie par sa proposition.

— Cette visite chez la fleuriste vous a bouleversé, on dirait, soufflai-je.

— C'est plutôt notre conversation juste avant.

— Sur votre nom de famille ?

— Sur la façon dont je l'utilisais. Vous aviez raison. J'ai pensé qu'on pourrait organiser au cours du gala une sorte de vente aux enchères au profit d'une œuvre de charité. La lutte contre le cancer, par exemple. Les invités de mon père ont assez d'argent pour nourrir tout le Costa Rica.

De nouveau, je restai muette, ouvrant et fermant la bouche stupidement. J'étais estomaquée par sa proposition. Il coupa le moteur et descendit de voiture pour aller ouvrir ma portière. Galamment, il m'aida à en sortir et, comme il l'avait fait un peu plus tôt, cala sa main au bas de mon dos pour me raccompagner jusqu'à ma porte.

— Alors ? Qu'en pensez-vous ?

— Peter, je dois admettre que je trouve l'idée vraiment... géniale, dis-je avec sincérité.

— Mais ?

— Mais votre père a décidé d'un déroulé assez strict. Même si votre idée est intéressante, je crains qu'il ne la refuse. Je suis très touchée de votre sollicitude pour Joan, ajoutai-je plus doucement.

— Proposez-lui une contre-offre qui inclura cette idée. Mon père n'a jamais pu refuser quoi que ce soit à une jolie femme.

— Peter, je ne suis pas dans une situation confortable. Je suis là pour suivre ses instructions, pas pour faire preuve d'initiative.

— Bien. Dans ce cas, je lui en parlerai. Nous en discuterons demain, disons pour le déjeuner ?

— Vous ne perdez pas le nord ! m'exclamai-je en riant.

— Ma boussole n'indique que vous dernièrement, assura-t-il avec un sourire dévastateur.

— Celle-là aussi, vous l'avez répétée depuis plus d'une heure ? me moquai-je en ouvrant la porte d'entrée.

— Depuis le feu rouge, admit-il. Je passe vous

chercher vers midi, ajouta-t-il en marchant à reculons vers sa voiture.

— Midi et demi, corrigeai-je.

— Midi ! répéta-t-il. À prendre ou à laisser !

Je poussai un long soupir, le sourire lumineux de Peter Banks ravageant mes dernières défenses. Son idée était très bonne et il m'avait offert un cactus. Quelque part, j'avais envie de lui donner une chance de se racheter.

— Parfait, midi, criai-je avant d'entrer chez moi.

Je refermai ma porte sur la vision de Peter Banks, ses lunettes d'aviateur vissées sur le visage, démarrant en trombe son Aston Martin.

Le lendemain matin, la sonnerie de mon téléphone portable me tira du sommeil. Joan. Je grimaçai en songeant à ce qui allait suivre. Elle avait sûrement trouvé l'étiquette du prix de la robe de Mia.

— Dis-moi que ce prix n'est pas pour...

— Bonjour Joan, lançai-je d'une voix pâteuse. Merci, je vais bien.

— Tu es encore au lit ?

— Quelle heure est-il ?

— Plus de 11 heures !

— Merde ! Merde ! Merde ! pestai-je en sautant de mon lit.

Je m'écrasai le gros orteil contre l'angle de ma table de chevet, étouffant un cri de douleur dans mon poing.

— Tu n'as pas acheté ta robe ? soupira Joan.

— Non. Je m'en occuperai demain, c'est promis. Mia n'y est pour rien, ne te fâche pas contre elle !

— Tu es impossible ! Tu devais mettre de l'argent de côté pour réparer ta maison !

— Cette soirée est importante pour Mia.

— Un bal de fin d'année ? s'écria-t-elle.

— Rappelle-moi le début de ta relation avec Eric ? répliquai-je vivement. Pardon, ce n'est pas ce que je voulais dire, m'excusai-je aussitôt.

— Je... Non... c'est à moi de m'excuser. Cette histoire de gala me met sur les nerfs.

— Tout est sous contrôle, Joan. J'ai géré la fleuriste, tu dois voir les décorateurs ce soir. Traiteur demain, orchestre à confirmer vendredi. Tout va bien ! la rassurai-je. Et je déjeune avec Banks Junior ce midi.

— Je croyais que tu voyais le professeur de Mia ?

— Ce soir, oui.

Joan émit un profond soupir, entre défaitisme et abandon. Gagnant mon salon, j'eus un sourire en voyant le petit cactus sur ma table basse. Je filai jusque dans la cuisine et ouvris mon réfrigérateur pour y trouver ma dose de vitamine C.

— Tu sors avec deux types à la fois ?

— Bien sûr que non. Peter Banks est... disons... une relation de travail, et Jonathan est... autre chose. D'ailleurs, je vais au bal de fin d'année avec lui !

— C'est sérieux, alors ?

— Je vais juste chaperonner. Notamment ta fille et sa robe. On est loin d'une sortie romantique, avec une centaine de lycéens qui tentent de trafiquer le punch du buffet !

— Tu veux que je te rappelle le début de ma relation avec Eric ? dit Joan en riant.

— Ça ira. Je connais la légende. Je dois te laisser, Peter vient me prendre vers midi.

— Oh ! c'est « Peter », maintenant ?

— Je raccroche, Joan !

— Débriefing en fin de journée, si tu peux me caler entre tes deux prétendants !

Après avoir longuement hésité devant mon dressing, j'optai pour une tenue neutre : un jean et une blouse écrue. Cela ne faisait ni trop professionnel ni trop intime. Si Peter Banks m'avait offert une facette agréable de sa personnalité, je ne doutais pas que le naturel finirait par revenir au galop. Il ne pouvait pas renier tout son patrimoine génétique juste en une heure chez une fleuriste !

Fidèle à sa parole, il se présenta à midi tapant. Je sortis de chez moi en pestant contre le froid vif de mon salon qui tranchait avec la douceur de l'extérieur. Si, au départ, l'idée de faire des travaux et de m'approprier cette vieille baraque m'avait plu, maintenant, je prenais conscience de l'ampleur de la tâche.

Ampleur d'autant plus grande que mon découvert se creusait.

Je me dirigeai vers Peter, qui bondit aussitôt hors de sa voiture, une Porsche noire cette fois-ci, pour m'ouvrir galamment la portière.

— Mademoiselle Reilly, me salua-t-il avec un sourire.

— Monsieur Banks. Nouvelle voiture ? m'enquis-je en m'installant sur le siège passager.

— Celle des grandes occasions, répondit-il en souriant, avant d'aller s'asseoir derrière le volant.

— Vous cherchez donc à m'impressionner ?

— Ça me semblait pourtant évident. Par ailleurs, il fait un temps superbe, idéal pour prendre l'air.

Il appuya sur l'un des boutons du tableau de bord et, lentement, la capote s'inclina pour laisser place au ciel bleu. Peter Banks arborait un sourire ravi, typique du gamin fier de sa prouesse. Il avait mis des gants de conduite en cuir qui, associés à ses lunettes, lui donnaient un look de séducteur italien au rabais, au volant d'une voiture allemande.

Ce qui, dans le monde de la voiture, équivalait à un Aldo Maccione sur le retour, des tongs aux pieds, avec de belles chaussettes blanches montées à mi-mollet.

— Combien de voitures avez-vous au juste ? demandai-je quand la capote fut totalement abaissée.

— Cinq. Mais vous êtes la seule à être montée dans celle-ci.

— La Porsche n'a pas ma préférence. Je la trouve un peu trop... tape-à-l'œil. Elle dit juste au monde que vous avez un monstrueux problème d'ego alors que l'Aston vous donne une touche de classe !

— Était-ce ce que vous vouliez dire lors de notre première rencontre, en affirmant que l'Aston en disait suffisamment sur moi ? Vous semblez particulièrement calée sur le sujet !

— Juste une expérience malheureuse. Où allons-nous déjeuner ? l'interrogeai-je pour changer de sujet.

— Vous ne croyez tout de même pas que je vais dévoiler toutes mes cartes !

À ma grande surprise, Peter amorça un magistral demi-tour et nous repassâmes devant chez moi. Un léger sourire se dessina sur ses lèvres tandis que le moteur de la Porsche vrombissait, faisant vibrer mon siège. Naïvement, j'avais pensé que Peter Banks me traînerait en centre-ville, non seulement pour m'exhiber — curieusement, être la conquête de cet homme était, à ses yeux, une situation enviable —, mais aussi pour se montrer et afficher son argent. Quoi qu'il en dise, la Porsche n'était qu'une façon polie mais ostentatoire d'annoncer aux autres qu'il avait plus d'argent que tous les notables de la ville réunis.

De nouveau, la notion de patrimoine génétique me revint en tête. Peter Banks n'avait aucune idée de l'arrangement, ni de l'argent proposé pour mes bons services par son père. Je me demandais maintenant quelle serait sa réaction s'il l'apprenait.

— Avez-vous réfléchi à ce dont je vous ai parlé hier soir ? me demanda-t-il alors que nous prenions la direction de l'océan.

— La vente de charité ? J'ai préparé une proposition pour votre père. Peter, repris-je après une courte hésitation, puis-je vous poser une question ?

— Au sujet de mon ego ? s'amusa-t-il.

— Pas vraiment, non ! Même s'il mériterait qu'on s'y intéresse.

— Liz, encore une provocation de ce style et je vous invite à déjeuner demain, après-demain et tous les jours qui suivront. Posez votre question, poursuivit-il en m'adressant un sourire.

— Je ne comprends pas votre relation avec votre père.

Ses mains se crispèrent sur le volant et la voiture eut un sursaut en avant. Les lunettes de soleil m'empêchaient malheureusement de capter son regard, mais la crispation générale de son corps en disait suffisamment.

— Si c'est un sujet sensible...

— Non. Non. C'est juste que je n'ai pas vraiment de réponse à vous offrir. Quand j'étais gamin, porter le nom de Banks était une vraie fierté. Maintenant, je suis plus mitigé. Ça m'a aidé professionnellement, mais d'un point de vue plus... personnel, le handicap est plus lourd qu'on ne le pense. J'aime beaucoup mon père, parce qu'il est mon père. Mais je n'apprécie guère l'homme.

— Peter, je crains que l'idée de cette vente aux enchères ne lui plaise pas. Il la prendra comme une provocation.

— Je ne cherche pas à le provoquer, juste à le faire évoluer. Mes relations avec mon père ne sont pas... difficiles. C'est juste que nos points de vue sont divergents sur beaucoup de choses.

— Dans ce cas, pourquoi ne pas déménager ? Pourquoi rester dans son ombre ? demandai-je, ne comprenant pas son comportement.

— Je suis un Banks, Liz. Ce n'est pas un choix, ce n'est pas quelque chose qui se renie. Je fais avec, parce que faire sans m'est impossible.

Il y eut un silence, à peine troublé par le bruit du moteur et le sifflement de l'air dans mes oreilles. Peter Banks, l'arrogant, prisonnier de son propre nom. J'aurais pu en rire, si je n'avais pas trouvé la situation si... pathétique. Peter bifurqua à droite, et l'océan, que j'avais deviné au loin, au début de notre conversation, apparut tout à fait. Le scintillement du soleil, le parfum iodé de l'air, la brise chaude qui caressait mon visage, tout était superbe. Je tournai de nouveau le regard vers Peter qui semblait finalement se détendre.

— Je ne voulais pas vous embarrasser, dis-je. Je cherche juste à vous cerner.

— Si j'en crois nos derniers échanges, le portrait n'est pas glorieux, plaisanta-t-il.

— Il faut parfois du temps pour savoir s'échapper d'un monde confortable... ou d'une Porsche, déclarai-je. Je pense juste que vous devriez vivre votre vie !

— Voler de mes propres ailes ? proposa-t-il en riant.

— Tout à fait. Même si je dois admettre que l'idée

de contrarier les desseins de votre père est très... très tentante, admis-je en réfléchissant à un plan.

— Il est déjà très contrarié que je déjeune avec vous !

— Pour l'instant, je ne vois pas l'ombre d'un déjeuner. Et pourquoi est-il si contrarié ?

— Il a peur que je vous donne ma carte bleue.

J'éclatai de rire, épatée par le ridicule consommé de la situation. Cet homme m'avait payée pour que je sorte avec son fils, et maintenant, il craignait que j'érode le patrimoine familial. C'était irrésistible. Peter rit aussi et nous longeâmes la côte. À ma grande déception, il n'avait visiblement pas prévu de nous faire pique-niquer ou déjeuner de beignets graisseux dans une des cabanes de la plage.

— Où allons-nous ? demandai-je alors que nous nous éloignions de l'océan.

— Chez moi.

— Chez vous ?

— Pour déjeuner. N'est-ce pas ce que nous avions prévu ?

— Vous m'avez amenée ici pour quoi, au juste ?

— Pour vous faire prendre l'air. À toutes les deux, ajouta-t-il en faisant rugir le moteur de sa Porsche.

Jusqu'à notre arrivée, près de trente minutes plus tard, à la résidence Banks, nos échanges furent rares. Peter avait l'art de brouiller les pistes : aimant son père, mais refusant d'être comme lui ; cherchant à le provoquer, sans vraiment lui nuire ; fréquentant une femme — moi — qui avait été payée pour passer du bon temps avec lui. L'ironie de la situation m'avait fait sourire au départ. Maintenant, je craignais que cette histoire de chèque contre bons services et réputation immaculée ne finisse par exploser au mauvais moment.

Nous fûmes accueillis par la gouvernante. Toujours aussi froide et guindée, elle avait opté pour un nouveau parfum, un soupçon d'ammoniaque chatouillant désagréablement mes narines. Elle nous guida sur la terrasse, où un plateau de sandwichs nous attendait.

— Vous n'avez même pas sorti l'argenterie ? plaisantai-je en posant mon dossier sur la table.

— Peter est incapable de distinguer un verre à eau d'un verre à vin, répondit la voix grave de Banks Senior derrière nous.

Je tressaillis et me tournai vers lui, me composant le visage le plus professionnel qui soit. Il me toisa, sa haute stature lui permettant de dominer allègrement la situation. Son cigare calé entre les dents, il esquissa un léger sourire lorsque son regard se posa sur moi.

— Monsieur Banks, le saluai-je. Peter me proposait justement que nous partagions nos idées concernant le gala.

— Vos idées ? répéta-t-il en jetant un regard glacial à son fils.

— C'est surtout une idée de Peter, monsieur. Mais je dois admettre qu'elle a un gros potentiel. Nous pouvons peut-être négocier un article dans le *Charlestonian*.

— J'ai déjà la une, m'interrompit-il.

— Qui peut évoluer en fonction de votre soirée. N'est-ce pas justement pour cela que vous nous avez engagées, Joan et moi ? Pour vous assurer que rien ne ternirait cette soirée ?

Il y eut un silence tendu, le cigare de Banks passant d'un coin de sa bouche à l'autre. Je soutins le regard du père tandis que le fils, près de moi, observait l'échange, médusé.

— Peter, demande à Glenda de nous ouvrir une bouteille, nous allons prendre le temps d'étudier les propositions de Mlle Reilly.

Banks Junior fronça les sourcils, certainement déçu de constater que notre déjeuner en tête à tête virait en rencontre au sommet avec son père. Il fila aussitôt en direction de la cuisine, me laissant seule avec son père.

— Je n'apprécie guère votre façon de faire, mademoiselle Reilly.

— Je vous rassure, c'est tout à fait réciproque, répliquai-je.

— Peut-être suis-je allé trop vite en vous rémunérant pour vos différents services, vous semblez très bien vous entendre avec Peter.

— Il est d'agréable compagnie.

— Surtout en Porsche ! Avez-vous déjà couché avec lui ou est-ce que vous réservez cette option pour le grand soir ?

Son ton méprisant me glaça jusqu'aux os. Je contournai la table, m'installant face à lui. Ouvrant mon dossier, j'étalai les différents programmes que j'avais concoctés, cherchant à canaliser la rage bouillonnante qui parcourait mes veines.

— Pourriez-vous me communiquer la liste des invités pour le plan de table ? demandai-je, très professionnelle.

— Peter vous la donnera. Vous n'avez pas répondu à ma question.

— Parce qu'elle ne concerne en rien la soirée de gala. Nous avons un accord sur le fait que j'accompagne votre fils et que j'organise votre soirée. Le reste ne vous regarde absolument pas.

— Sauf si je vous paye pour coucher avec lui.

— Je ne connais aucune somme qui serait à la hauteur de votre goujaterie. Monsieur Banks, même si j'ai pris votre chèque, même si vous êtes très certainement le type le plus vicieux que je connaisse, j'ose croire que nous serons tous les deux assez grands pour faire de cette soirée une réussite. Vous comme moi, nous avons tout à y gagner.

— Je ne cautionne pas le chantage.

— Ce n'était pas du chantage, juste un état de fait. Maintenant, voulez-vous voir le programme que j'aimerais vous proposer ?

Je fis glisser la feuille sur la table à l'instant où Peter réapparaissait, une bouteille à la main. Glenda suivait avec un plateau surmonté de trois verres. Après nous avoir servis, elle s'éclipsa. Peter s'installa près de moi, m'adressant un clin d'œil.

— La lutte contre le cancer, c'est ça, votre idée ? s'enquit Banks Senior.

Au ton de sa voix, je n'aurais su dire s'il était moqueur ou stupéfait. Il replongea le nez dans le programme, son visage marqué par la concentration.

— C'est l'idée de Peter, soufflai-je. Cela nous permettrait d'accentuer le côté prestigieux et de profiter d'un angle « œuvre de charité ».

— Nous pourrions profiter de l'espace dans le jardin, poursuivit Peter. Installer un chapiteau, engager un maître de cérémonie.

— Et que comptes-tu mettre en vente ? lui demanda son père en s'enfonçant dans son fauteuil. Parce qu'il est fort honorable d'avoir de belles idées, mais encore plus honorable de les mettre en œuvre.

— Je n'y ai pas encore réfléchi, père.

— Il va vous falloir trouver des donateurs pour les lots.

— Avec la liste de vos invités, je ne doute pas que nous trouverons de quoi doter la vente, répondis-je rapidement. La vente peut se faire juste avant le dîner et, si nous avons une dizaine de lots, nous avons largement de quoi l'animer. Quelle sera votre donation ?

— Vous voulez que je participe ? s'esclaffa-t-il.

— Pourquoi pas une boîte de vos cigares cubains ? proposai-je. Je suis certaine qu'ils trouveront preneur très facilement.

De nouveau, il posa un regard froid sur Peter et moi. Son fils, qui avait été en retrait pendant presque toute notre conversation, se redressa brutalement.

— Père, c'est sûrement une excellente opportunité ! L'image des Banks ne peut pas se résumer à un gala annuel, sans but.

— Il est certain que ça nous changera de l'image détestable que nous avons eue l'an dernier grâce à tes multiples conquêtes.

— J'irai au gala avec Liz, cette année. Tu peux être rassuré, donc.

— Mais j'ai toute confiance, affirma son père avec une lueur de défi dans le regard. Si cette délicieuse jeune femme t'accompagne, c'est sûrement pour ton charme indéniable.

— Père ! gronda Peter en frappant sa main contre la table.

Banks Senior le fusilla du regard et l'atmosphère changea. Si elle avait été tendue pendant notre discussion, elle était maintenant insoutenable. Apparemment, le patriarche n'avait pas l'habitude d'être rappelé à l'ordre, surtout par son propre fils. Les deux Banks se toisèrent, leur rage simplement contenue par leurs bonnes manières et par ma présence.

— Peut-être pouvons-nous discuter de l'accueil des invités ? suggérai-je.

— Je vous en prie, mademoiselle Reilly, lança Banks Senior avec un sourire hypocrite.

Nous parlâmes de l'accueil des invités, mais aussi du discours d'ouverture et de l'avancement de l'organisation, tout en buvant du vin — mauvais — et en mangeant les sandwichs, dont la fraîcheur était douteuse. Le patriarche Banks acquiesça à mes propositions de modifications, pendant que Peter, consultant la liste des invités, sélectionnait ceux qu'il contacterait pour la vente. Quand la gouvernante apporta le café, je compris qu'on me signifiait la fin de l'entretien. Banks Senior se leva de table pendant que la gouvernante remplissait nos tasses.

— Nous nous reverrons donc à la réception, lança-t-il en remontant élégamment son pantalon.

— Bien sûr, monsieur.

— Me ferez-vous le plaisir d'une danse ? demanda-t-il.

Je sentis Peter se tendre à mes côtés. Je lui offris un sourire fugace, pour lui rappeler que j'étais dans la même équipe que lui.

— Cela ressemble à une proposition indécente, déclarai-je.

— J'ai déjà fait beaucoup plus indécent, comme offre, rétorqua le père.

Son regard se durcit et je pris conscience que j'avais été trop loin. Cet homme ne supportait pas qu'on le provoque. L'atmosphère déjà lourde et plombée était maintenant irrespirable. Je baissai le regard sur mes notes, sursautant quand le téléphone de Peter sonna.

— Je vais le prendre dans le salon, excusez-moi, annonça-t-il en portant l'appareil à son oreille.

Je rangeai mes feuilles, cherchant à me donner une contenance et surtout à éviter le regard du patriarche Banks sur moi. Mon souffle était court et ma gorge se serra quand l'odeur âcre du cigare flotta autour de moi.

— Je ne pensais pas devoir éclaircir ce point, mais il me semblait entendu que Peter aurait l'exclusivité de vos faveurs.

— Peter a l'exclusivité de la soirée de gala, et éventuellement le plaisir de ma présence pour ces charmantes réunions de préparation.

— Ma chère, votre naïveté est absolument adorable, mais vous avez déjà pris son parti contre le mien, n'est-ce pas ?

— N'importe qui prendrait le parti de votre fils contre le vôtre !

— Certes. Ce qui conforte mon avis à votre sujet : vous ne valez pas mieux que toutes les autres ! Gardez-moi donc cette danse pour le gala, j'ai de bons restes de tango.

Soudain, je sentis deux mains se poser sur mes hanches et Peter Banks, le fils, m'attira contre son torse. Tétanisée, j'en lâchai mon dossier qui s'écrasa au sol. Stupéfaite, et mes muscles toujours raides, je sentis les lèvres de Peter effleurer la courbure de mon épaule, sans jamais s'y poser réellement.

— Papa, cesse d'importuner ma cavalière, murmura-t-il, sa voix chaude, presque rauque, vibrant contre ma peau.

Le sourire de Banks Senior s'étira alors que son regard vicieux détaillait mon corps collé contre celui de son fils.

— Je ne voudrais pas déranger, lâcha-t-il finalement. Mademoiselle Reilly, au plaisir.

Il quitta la pièce et mon corps reprit vie. Je me détachai vivement de Peter et ramassai mes feuilles au sol, les rassemblant dans un bruit de froissement, furieuse. Quand je me redressai, Peter sirotait tranquillement son café. Évidemment, il ne lui serait pas venu à l'idée de m'aider.

Et évidemment, j'étais coincée ici, dans cette fichue baraque improbable, sans aucun moyen de rentrer chez moi. Sur ce coup, je devais admettre que le père Banks avait raison : j'étais bien trop naïve. En laissant Peter m'attendrir, j'avais perdu la main sur notre relation.

— Pouvez-vous me raccompagner chez moi ou dois-je commander un taxi ? demandai-je à Peter.

— Vous m'en voulez.

— Quelle perspicacité ! ironisai-je en passant devant lui pour fuir la pièce.

— Je pensais qu'on s'entendait bien !

— Je ne vous ai pas autorisé à me toucher. Surtout ici, surtout devant votre père, juste après une réunion de travail, m'exclamai-je en traversant le couloir à grandes enjambées.

— C'était un déjeuner, objecta-t-il.

— Un déjeuner de *travail*, Peter. Il n'a jamais été question d'autre chose entre vous et moi. Il me semblait avoir été claire sur ce sujet. Par ailleurs, je déteste être considérée comme un trophée.

Il me fixa, un peu perdu par mes explications, avant de lever les mains devant lui en signe de défense. Je soupirai, ma colère se dissipant pour laisser place à une profonde déception. J'avais accepté de jouer le jeu de Peter, écartant les préjugés pour lui laisser une chance.

— Vous n'êtes pas un trophée, lâcha-t-il en me lançant un regard dur.

— Non ? Je suis quoi alors ? Un lot qu'on se dispute ? Un terrain à investir ? Un nouveau territoire pour la famille Banks ?

— Mon père pense que je ne suis rien sans lui. Vous êtes la première femme qui lui tient tête.

— Et alors quoi ? Ça gonfle votre ego ? Peter, vous ne sortez pas grandi de ce genre d'affrontement. Vous pensez avoir gagné une manche contre votre père, alors que lui trouve un nouveau levier pour vous manipuler.

Sa mâchoire se serra, et il me sembla que Peter méditait sur ce que je venais de lui dire. De tous les défauts que je détestais chez un homme, la lâcheté et la faiblesse étaient en haut de la liste.

— J'admets avoir été trop loin, dit-il doucement. J'ai agi sur le coup de l'émotion et j'ai cru que... Vous me plaisez vraiment !

— N'interprétez pas les signes, Peter. Ni les miens ni ceux de votre père. Ce qui vous plaît, c'est juste que j'aie l'audace de dire à votre père d'aller se faire voir ! Prenez-en de la graine !

— Vous êtes parfois si... difficile ! s'exclama-t-il. Quoi que je fasse avec vous, j'ai constamment tort. Vous ne laissez personne vous approcher. Mon père est un homme puissant, mais il n'irait pas jusqu'à mettre en péril sa réputation. Se fâcher avec son fils provoquerait un véritable scandale.

Son analyse me stupéfia un peu plus. Il s'effaçait au profit de son père, il me trouvait sur la défensive, mais en aucun cas il ne se remettait en cause. Je poussai un nouveau soupir, préférant passer l'éponge sur son comportement. Nous devions aller au gala ensemble, autant s'y rendre dans de bonnes dispositions.

— Je vais prendre un taxi, Peter, soufflai-je en ignorant volontairement la pointe de sarcasme dans sa voix.

Je sortis mon téléphone portable de ma poche.

Peter me dévisagea pendant ma conversation avec l'agence de taxis, et j'aurais été incapable de dire s'il se moquait de moi ou s'il cherchait l'inspiration pour que notre relation redevienne normale. Et professionnelle.

— Liz, reprit-il avec une évidente contrition.

— Vous avez deux minutes, l'interrompis-je. Deux minutes pendant lesquelles vous pouvez non seulement présenter des excuses, mais aussi commander de vraies fleurs, de préférence des lis, et les faire livrer chez moi.

— Vous êtes dure en affaires !

— Déformation professionnelle.

— Liz, donnez-moi une chance.

Je suivis la gouvernante vers la porte de service de la maison, Peter sur mes talons. Comment pouvais-je être suffisamment diplomate pour lui dire « non », tout en gardant mon boulot, sachant que ma dignité avait été vendue à prix d'or ? J'avais toujours détesté les mathématiques, et en particulier les équations. Maintenant, je savais pourquoi.

Par ailleurs, j'attendais toujours des excuses en bonne et due forme.

— Je vous appelle demain pour discuter du programme du gala, dis-je.

— Liz...

— Et je vous accompagne toujours pour la soirée. Révisez vos classiques de la valse, ajoutai-je avec un sourire.

Peter sortit son téléphone et le cala contre son oreille. Après m'avoir lancé un clin d'œil, il s'éloigna et je perçus le début d'une conversation animée. Mon taxi arriva finalement et je montai à l'arrière. Peter referma la portière et un petit sourire s'afficha sur ses lèvres. Je devinai que les lis arriveraient chez moi avant mon taxi.

Chapitre 6

Dîner — 20 heures. Soyez élégante et si possible en rouge. Passerai vous prendre.

Je triturai la note que j'avais trouvée coincée dans ma porte. Jonathan avait laissé ses instructions de ce feutre rouge typique des profs. Mon salon embaumait grâce à la vingtaine de lis que j'avais aussi ramassés sur mon seuil. Mon entretien avec les Banks m'avait exténuée, mais, curieusement, ce mot de Jonathan m'avait redonné instantanément le sourire.

Sauf que je n'avais rien de rouge, hormis une nuisette très ajourée que je ne mettais qu'en cas d'urgence absolue. Le Canadien et moi n'en étions pas là dans notre relation, bien que je doive concéder qu'il était tout de même parvenu à me soutirer un baiser avant même un rendez-vous en bonne et due forme.

Toutefois, après notre verre de vin, après notre baiser, après sa proposition alléchante de me retirer ma robe, je devais admettre que j'abordais cette soirée avec un certain empressement.

Depuis Cameron, je n'avais connu aucun homme.

À la place, je m'étais forgé une carapace, j'avais appris à fusiller un prétendant du regard, à décliner les invitations, à percer les plus gonflés des ego. Généralement, ça suffisait.

Sauf avec le Canadien.

Joan avait débarqué pour un débriefing en règle alors que je me perdais dans la contemplation d'un haut lie-de-vin. Rouge, donc, pour un homme.

— Et il a validé l'idée de la vente aux enchères ? s'étonna Joan.

— Oui. On va monter un chapiteau dans le jardin, avec vue sur le lac, ça sera superbe, non ? Ton avis ? demandai-je en calant le haut contre moi.

— Pas génial, répondit-elle en grimaçant. Et qui s'occupe des lots ?

— Peter. Il sait déjà qui il va contacter, ajoutai-je en proposant un chemisier de soie.

— Trop habillé. Tu donnes l'impression d'une fille qui n'a pas eu de rendez-vous depuis un siècle.

— C'est presque ça, dis-je avec un sourire. Peter va sûrement rappeler demain pour fixer une nouvelle réunion. J'ai trouvé ! m'exclamai-je, triomphante, en sortant une vieille robe noire encore mettable.

— Jolie. Mais ce n'est pas rouge !

— Qui a dit que je devais obéir à cet homme ?

— Comment tu vas gérer ça ? demanda-t-elle alors que j'enfilais la robe en me tortillant. Entre Jonathan et Peter ? Tu veux de l'aide ?

— S'il te plaît.

Je lui offris mon dos pour qu'elle remonte la fermeture Éclair, repoussant mes cheveux sur mon épaule. Je n'avais pas prévu de parler à Jonathan de mon accord vicieux avec Banks. Mais si nous en venions à parler de mon travail, je lui offrirais alors le meilleur argument que j'avais.

— Peter est une simple relation professionnelle. Dès que le gala sera terminé, cette relation le sera aussi.

— Et je présume que d'ici là, les lis seront fanés, ironisa ma meilleure amie.

— En effet.

Je me tournai vers elle, devinant un voile d'inquiétude sur son visage. Ce gala était notre premier vrai contrat, celui qui pouvait nous rapporter d'autres engagements, d'autres contacts, et qui rendrait l'avenir de Joan un peu plus certain. C'était pour cette raison que je lui avais caché la vérité : elle n'aurait pas supporté que son entreprise survive uniquement grâce à la perversité d'un homme obsédé par sa réputation. Elle était trop loyale, trop « innocente » pour affronter ce monde que j'avais connu dans le passé.

— Tout ira bien, la rassurai-je. Cette soirée va être une réussite. J'accompagnerai Peter au gala, on fera des photos, ça nous fera une publicité gigantesque.

— Je ne veux pas te mettre dans une position délicate en te forçant à quoi que ce soit avec Peter.

— Crois-moi, Joan, j'ai connu pire comme situation. Je gère Peter et je gère le gala. Tu devrais faire rééditer des cartes de visite pour en distribuer. De mon côté, j'attends de toi que tu me fasses confiance et que tu me dises si je dois relever mes cheveux pour mon dîner.

Elle tenta de contenir son sourire, mais je la vis se détendre. Je la contournai pour rejoindre ma salle de bains, remontant mes cheveux dans plusieurs styles différents pour me faire une idée.

— Tout dépend de ce que tu attends du Canadien ! lança Joan.

— Je ne sais pas encore. Mais il aime le bon vin et il a soigné Ted, il ne peut pas être foncièrement mauvais.

Je relevai mes cheveux dans un chignon, y glissant ensuite deux baguettes pour le faire tenir. Joan acquiesça quand je l'interrogeai du regard sur mon allure. Je retournai dans la salle de bains pour jeter un dernier coup d'œil à mon miroir, avant d'opter pour un rouge à lèvres rouge vif. Si j'étais d'humeur joueuse sur la couleur de la robe, je pouvais faire un compromis sur un point de détail.

Je récupérai le mot de Jonathan et nous allâmes nous installer dans le salon au parfum entêtant de lis. En attendant mon prétendant, Joan me montra les derniers détails du traiteur. Je préconisai de refaire un devis, prévoyant un bar en extérieur pour la vente aux enchères.

La voiture de Jonathan se gara devant chez moi alors que ma meilleure amie passait mon seuil pour rentrer chez elle. Elle le salua d'un mouvement de tête furtif.

— Bonsoir, Liz. Je vois que vous avez eu mon message, dit-il en souriant.

— En effet, je suis prête à l'heure.

— Je parlais du rouge, surtout. J'admets que je n'avais pas pensé à cette variante.

Je me pinçai les lèvres, provoquant volontairement le Canadien. Son regard accrocha ma bouche pendant une trop longue seconde, avant de revenir sur mes yeux. Sa barbe de trois jours ombrait ses joues. Mais les traits de sa mâchoire étaient encore très nets et sa chemise, légèrement déboutonnée, laissait entrevoir une peau bronzée.

— Vous devriez prendre une veste.

— Vous ne seriez pas suffisamment galant pour me prêter la vôtre ?

— J'ai promis que je ne vous imposerai plus rien, et maintenant vous me le reprochez presque.

— Les femmes sont un mystère pour les hommes, plaisantai-je en attrapant un gilet derrière la porte.

— Pas les femmes, juste vous.

Il m'ouvrit la portière de sa voiture. J'étais presque soulagée qu'elle soit normale : un toit non décapotable, des fauteuils couverts d'une housse en polyester urticante, un autoradio antique, des vitres non électriques. Jonathan dut capter mon regard bienveillant sur notre carrosse, car il se racla la gorge, un peu gêné, alors que nous faisions route vers le centre-ville.

— J'ai dû emprunter cette voiture. Je sais que ce n'est pas votre standing habituel...

— Que savez-vous de mon standing habituel ? l'interrompis-je vivement.

— Château-d'yquem 1999. Et puis, ça se voit, ajouta-t-il en me détaillant des yeux.

— Je ne sais pas comment je dois le prendre, répondis-je en souriant, curieuse de son raisonnement.

— Je vous ferai part de mon analyse dans le courant de la soirée.

— Vous faites tout pour me mettre l'eau à la bouche !

— Pour être clair, j'ai la ferme intention de vous séduire ce soir. Et je pense que vous, vous avez la ferme intention de ne pas me laisser faire. Ce qui ne fait qu'attiser cette... attirance que j'ai pour vous. Mais vu que nous jouons selon vos règles, je me dois de vous poser une première question.

— Je redoute le pire ! me moquai-je.

— Indien ou chinois ?

— Vous n'avez rien réservé ? m'écriai-je, surprise.

— Rien. Ne rien vous imposer, vous vous souvenez ?

— Mais vous m'avez demandé d'être élégante et de porter du rouge !

— Ah oui, ce n'était pas pour le restaurant, juste pour moi ! J'apprécie vraiment votre effort, déclara-t-il en balayant d'un regard furtif le haut de mes jambes. Alors ?

— Indien. Je n'aime pas la nourriture chinoise.

Il bifurqua à gauche et remonta l'une des artères du centre-ville. Il se gara dans une petite rue sombre, à peine éclairée par un lampadaire défaillant, ouvrit ma portière et me prit par la main pour me guider jusqu'au restaurant. Le serveur nous proposa une table à l'écart et j'en étais presque reconnaissante. Rester discrète jusqu'au gala s'imposait.

Après avoir commandé notre dîner et une bouteille de chablis 2009, Jonathan me regarda intensément.

— Comment se passe la préparation du gala ?

— Plutôt bien, répondis-je, une fois l'effet de surprise passé. Les grandes lignes sont fixées et Peter Banks se révèle être assez coopératif.

— Je présume que vous parlez du fils.

— Je ne vous cache pas que le père est assez... repoussant dans son style.

— Son style ?

— Libidineux et gras, conclus-je.

Jonathan étouffa un rire dans son verre d'eau, les yeux plissés de plaisir. Le serveur réapparut avec notre bouteille et nous servit deux verres.

— À quoi trinquons-nous ? demandai-je en levant le mien.

— À cette belle soirée. Et à votre rouge à lèvres provocant.

— J'ai pris le tube avec moi, vous savez, plaisantai-je.

— Et j'ai changé les draps de mon lit. Voulez-vous que nous passions directement au dessert ? Notez bien qu'il s'agit juste d'une proposition et non pas d'un ordre suprême.

— Je me vois dans l'obligation de refuser cette tentante proposition.

— Tant pis pour moi.

— Je ne veux pas gâcher ce vin, expliquai-je avec un sourire. Ne me laissez pas trop la main, Jonathan, je pourrais vous filer entre les doigts.

— Si c'était vraiment le cas, vous n'auriez même pas ouvert la porte de chez vous. Je suis confiant sur l'issue de la soirée.

— D'où le changement de draps. Je croyais que c'était « juste un dîner » ? lui rappelai-je.

— Ma promesse ne m'empêche pas de rêver. J'ai aussi racheté du café. J'espère que vous aimez ça.

— J'aime le café. Fraîchement moulu et au lit, de préférence.

Mon cavalier se contenta de lever un sourcil appréciateur. À la lumière tamisée du restaurant, il était difficile de distinguer son regard. Mais il semblait ardent et rivé sur moi. Je baissai les yeux, concentrant mon attention sur ses mains qui jouaient avec le verre à pied. Il avait des mains très masculines, épaisses, pas du tout conformes à des mains de professeur de littérature.

— Vous me devez deux histoires, lançai-je. Trois, si je compte votre histoire avec Peter.

— Je n'ai aucune histoire avec Peter. Nous avons fréquenté la même école, mais pas le même milieu, ni les mêmes amis. J'ose croire que mes choix étaient plus judicieux que les siens.

— En jetant votre dévolu sur une femme qu'il convoite ?

— Il vous convoite ?

— Je pense. Par ailleurs, je vais au gala avec lui.

— Rien que ça ! Quand je pense que je vous ai conduite ici avec la voiture de ma mère, c'est tout bonnement... déloyal, conclut-il dans un rire avant de boire une gorgée de vin. Donc, si je vous comprends bien, je dîne actuellement avec la femme convoitée par Peter Banks. Un vrai challenge !

— Pourquoi ça ? demandai-je, curieuse.

— Parce qu'habituellement, les femmes qui plaisent à Peter sont grandes, blondes, dépourvues de cervelle et rient comme des bécasses. Sincèrement, vous n'êtes pas son style. C'est tout à fait mystérieux !

— J'ai pourtant l'air de lui plaire. Il a sorti la Porsche aujourd'hui !

— Vous n'avez pas l'air impressionnée !

— Il m'en faut plus pour l'être. Là est le vrai challenge.

Je levai mon verre, l'invitant ainsi silencieusement à relever le défi. J'étais prête à être séduite par cet homme. Quelque chose en lui, peut-être sa rudesse ou sa volonté de me mettre à l'aise, m'inspirait confiance. Par ailleurs, son regard persistant sur mes lèvres avait révélé un désir que je pensais enfoui depuis des années. Désir qui s'était éveillé lorsqu'il avait posé ses lèvres sur les miennes le jour précédent.

— Mais d'abord, racontez-moi cette histoire de cuir. Je suis... curieusement fascinée par ce détail !

— Une expérience malheureuse avec une femme, une collègue de l'ancien lycée où j'officiais. Un soir, je l'ai invitée à dîner. Il faisait chaud, le repas avait été agréable et nous avons fini contre la porte de son appartement. Savez-vous que le cuir a cette faculté de « s'incruster » dans l'épiderme en cas de grosse chaleur ?

Je grimaçai, imaginant aisément comment la scène s'était terminée. Jonathan acquiesça et reprit une gorgée de vin.

— Autant vous dire que cela a ruiné définitivement le moment et notre potentielle relation, dit-il en riant. Mais nous sommes devenus amis et nous nous parlons régulièrement. Et si vous me racontiez votre histoire ?

— Mon histoire ? Je n'ai aucune histoire impliquant du cuir ou une collègue, éludai-je.

— Vous savez ce que je veux dire. N'essayez pas d'esquiver. J'ai envie de savoir si mon analyse à votre sujet est la bonne.

— Exposez votre analyse et je vous le dirais.

— Trop facile, mademoiselle Reilly. Je passe mon temps à jouer cartes sur table avec vous, à vous maintenant de montrer votre jeu.

— Vous passez votre temps à me mettre au pied du mur, ce n'est pas ce que j'appelle de la franchise. On frôlerait plus la malhonnêteté.

— La malhonnêteté ? s'esclaffa-t-il. Dites-moi quand j'ai été malhonnête avec vous !

Je me réfugiai dans mon verre, cherchant à reprendre mes esprits. N'importe quel autre homme aurait été vexé de ma remarque et aurait immédiatement endossé le rôle du goujat égocentrique. Lui me fixait, attendant que je dévoile mon jeu.

— Vous passez votre temps à trouver des prétextes, soufflai-je finalement. Le chaperonnage n'est qu'un prétexte pour me faire passer une soirée avec vous. Vous m'avez embrassée seulement pour marquer votre territoire. Et enfin, vous avez pris la poudre d'escampette après notre verre de vin. Donc, oui, j'appelle ça de la malhonnêteté.

— Ça ressemble plutôt à de la frustration. Cela étant, j'aime l'idée de marquer mon territoire. Est-ce que Peter Banks vous a embrassée ? demanda-t-il, concerné.

— Pas encore, répondis-je en souriant. Mais il m'a offert des fleurs.

— Qu'avait-il à se faire pardonner ?

— Ne peut-il pas offrir des fleurs pour une autre raison ?

— Peter Banks ? s'exclama-t-il. Liz, voyons ! Et je constate que vous avez encore trouvé le moyen d'éluder le sujet.

Le serveur déposa nos assiettes devant nous, me sauvant *in extremis* d'une conversation que je ne souhaitais pas avoir. Si Jonathan avait carte blanche pour me séduire et me faire profiter de ses draps frais, je n'envisageais pas encore qu'il connaisse mes traumatismes secrets. Quand je relevai les yeux vers lui, je pris conscience qu'il attendait que je parle.

— Comment s'appelle l'homme qui vous a fait devenir si inaccessible ?

— Qui vous dit que c'est un homme ?

— Le fait que vous répondiez à ma question par une autre question. Vous êtes sur la défensive dès qu'il s'agit de vous. Peut-être que mes intentions n'ont pas été claires.

Brutalement, il me prit la main et pressa son pouce au creux de ma paume. L'atmosphère changea, la provocation, la badinerie laissant place au sérieux et à ce crépitement invisible entre nous. Je me crispai, comprenant maintenant que les signaux que j'avais envoyés étaient ambivalents. Jonathan me plaisait, mais la façon dont j'agissais ce soir devait lui laisser penser que je m'amusais de ce rendez-vous.

— Vous parliez du fait de m'enlever ma robe ? murmurai-je finalement.

— Par exemple. Mais je n'aurais rien contre l'idée de le faire régulièrement.

— Vous voulez une relation suivie avec ma robe ? dis-je en souriant, sentant son pouce tracer des cercles contre ma peau.

— Notamment avec votre robe. Mais j'avoue que votre compagnie est nettement plus agréable. Vous me plaisez, Liz. J'aime votre façon de me renvoyer dans mes cordes, j'aime que vous doutiez des hommes qui vous entourent, parce que ça me pousse à gagner un peu plus votre confiance.

Le mouvement de son pouce cessa et ses doigts remontèrent légèrement, caressant l'intérieur de mon poignet. Je frémis, plus à cause de son regard pénétrant que de ce contact. Je savais que j'étais en train de succomber, lentement, comme si, une à une, mes défenses tombaient. Je repris une gorgée de mon verre, cherchant à atténuer la sécheresse soudaine de ma gorge.

— Je ne cherche pas à vous faire peur, finit-il.

— Je ne suis pas un animal blessé qu'il faut soigner, dis-je doucement. Je ne suis pas... traumatisée, je n'ai pas non plus fait serment de rester seule toute ma vie.

— Je m'en réjouis ! rétorqua-t-il, amusé par ma tirade.

— C'est juste que j'ai du mal avec la notion de confiance. Je ne suis pas encore prête à me donner corps et âme à un homme.

— Je peux me contenter de votre corps pour le moment, votre âme finira bien par le rejoindre.

— Vous êtes sûr de vous, n'est-ce pas ?

— Vous me laissez vous toucher, déclara-t-il en faisant remonter ses doigts jusqu'au pli de mon coude. J'ai déjà fait la moitié du chemin. Je ne doute pas que vous finirez par me révéler vos secrets les plus enfouis.

— Et les vôtres ? répliquai-je. J'attends toujours une explication sur votre fuite !

— Je ne fuyais pas, j'avais un rendez-vous.

Il retira sa main soudainement et se concentra sur le contenu de son assiette. Stupéfaite par son brusque changement d'attitude, j'eus un moment d'arrêt, pendant lequel je contemplai mon bras nu, qui n'était maintenant plus colonisé par mon mystérieux vis-à-vis.

— Un rendez vous ? répétai-je.

— Un impératif, corrigea-t-il sans daigner me regarder.

— De nouveau, cette malhonnêteté patente, ironisai-je, une pointe de colère me perçant le creux de l'estomac.

— Pourquoi seriez-vous la seule à avoir des secrets ?

— Je n'ai pas de secrets. Et détourner la conversation ne...

— C'était pour ma mère, assena-t-il brutalement en lâchant sa fourchette.

Il m'adressa un regard que la colère assombrissait, les mains crispées sur sa serviette de table. Les traits de son visage étaient durs, ses lèvres pincées. Il s'essuya la bouche et détourna les yeux. De toute évidence, j'avais soulevé un sujet sensible.

— Pardon, je ne voulais pas être indiscrète, m'excusai-je.

— Non, vous vouliez juste savoir si vous pouvez

me faire confiance. Vous le pouvez, Liz. Ma mère est la raison de mon retour ici. Elle avait besoin de moi, pour son protocole de soins.

Il hocha la tête doucement, son regard se faisait triste à présent, et j'eus la sensation de me retrouver quelques mois en arrière. Joan, Eric... Ses dernières semaines avaient été les plus dures, les plus longues et les plus tristes de ma vie. Le simple mot « protocole » me faisait frémir.

— Ce n'est pas un sujet qu'on aborde généralement avec une femme qu'on veut séduire.

— Je suis désolée. Je... je suis maladroite. Le mari de Joan est mort d'un cancer. N'avez-vous pas d'autre famille ?

— Pas dans le sens où vous l'entendez, en tout cas. Ma mère est toute ma famille.

Son regard s'assombrit de nouveau en une colère contenue. J'avais envie d'en savoir plus, d'obtenir des détails, mais j'avais déjà la sensation d'être allée beaucoup trop loin. Un embarrassant silence s'imposa entre nous, seulement interrompu par le léger murmure des bavardages autour de notre table.

— Il m'a ruinée, lançai-je finalement, avant de prendre une grande gorgée de vin.

Jonathan releva les yeux vers moi, perdu. Comme il me l'avait demandé, j'avais décidé de jouer cartes sur table.

— L'homme que j'aimais, l'homme qui m'a demandée en mariage... Il m'a ruinée. Il a vidé mes comptes, soldé mes actions, revendu mes parts dans diverses sociétés, avant de me quitter l'avant-veille de notre mariage. Sans me prévenir, évidemment, sinon, ça atténue le côté spectaculaire de ma chute.

— C'est... écœurant ! s'écria Jonathan, visiblement surpris.

— Après son départ, j'ai mis ma robe de mariée, un truc terrifiant, blanc, monstrueux, et qui coûtait pas loin de votre revenu annuel actuel de prof. J'ai débouché une bouteille d'yquem que j'ai bue au goulot. Ça a été mon dernier luxe.

— Et votre travail ?

— C'était mon boss. J'ai été notifiée de mon licenciement par texto. Je suis revenue ici parce que j'étais désespérée. Joan m'a annoncé le cancer d'Eric une semaine plus tard et j'ai regretté dans l'instant d'avoir sacrifié ma bouteille d'yquem, Joan la méritait plus que moi.

Je me resservis un verre de vin. Je savais que je contrevenais aux règles basiques de la politesse, en particulier pour un premier rendez-vous, mais faire remonter ces souvenirs à la surface me bouleversait. Le Canadien me dévisageait. Comme tous les gens à qui j'avais raconté mon histoire, il était incapable de dire quoi que ce soit. Il était à la fois muet de stupéfaction et, je le savais rien qu'à son regard, désolé pour moi. La pitié était généralement la première réaction qui suivait ma confession.

On me regardait en penchant la tête, on prenait ma main, on me disait « Je suis désolé » et, quand il s'agissait d'un homme, il me promettait de ne pas être un tel goujat. Ce qu'il devenait, invariablement.

— Ça veut donc dire que je dois vraiment vous inviter à dîner ce soir ? s'inquiéta Jonathan.

— Je vous demande pardon ? m'exclamai-je, manquant de m'étouffer dans mon verre.

— La plupart des femmes ne se laissent pas inviter. Pour être honnête, je vous avais allègrement casée dans cette catégorie.

— Je vous parle de mon secret le plus profond et vous me parlez de l'addition ?

— Vous auriez préféré que j'aie pitié de vous ? Liz, vous auriez été déçue que je me comporte ainsi.

— Vous êtes un sans-cœur ! m'esclaffai-je.

— Dit-elle à l'homme qui paye la bouteille de chablis, rétorqua-t-il avec un sourire tout en hélant le serveur. Apportez-nous une seconde bouteille, je vous prie.

— Vous êtes toujours un sans-cœur ! répétai-je.

— Et j'ai toujours envie de vous séduire. Donnez-moi votre main.

Je frémis au souvenir de son pouce au creux de ma paume. L'amusement se volatilisa doucement, au profit du désir, de nouveau. Le murmure des autres personnes dans le restaurant s'amoindrit et la bougie qui éclairait notre table vacilla, m'offrant une vue nette de son regard.

Mon corps se crispant délicieusement sur ma chaise, je tendis la main docilement. Il la captura dans la sienne et caressa mes doigts de la pulpe de son index.

— Je comprends maintenant vos problèmes de confiance envers les hommes. Détendez-vous, m'intima-t-il, en sentant que je me figeais.

— Qu'en est-il de votre promesse de ne pas contrarier ma volonté ?

— Vous devez apprendre à me faire confiance, Liz.

— Sinon, quoi ?

— Sinon, ça ne marchera pas. Vous ne pouvez pas toujours être sur la défensive, et je ne peux pas toujours être... à vos ordres.

— Parce que vous êtes à mes ordres ? m'écriai-je en riant.

— Comment ne pas l'être ? Fermez les yeux.

Je fermai un seul œil, Jonathan éclatant de rire en me voyant si peu docile. Son pouce recommençait à dessiner des cercles sur ma paume, provoquant ce délicieux frisson de plaisir le long de mon échine.

— Liz, si j'ai bien compris, vous êtes pauvre. Vous pouvez donc considérer que je vous... courtise pour vous, et non pas pour une obscure raison ne visant qu'à glorifier mon ego.

Le nom de Peter Banks menaça de franchir mes lèvres, mais je me retins. Leur rencontre fortuite de la veille ne m'avait pas évoqué autre chose qu'un vulgaire combat de coqs. Je savais qu'ils avaient un passé commun, expliquant cette animosité manifeste.

Je fermai finalement les deux yeux, me concentrant sur le contact de nos deux peaux. Je bougeai les épaules en une vaine tentative pour me relaxer. Je me raclai la gorge nerveusement, les doigts de Jonathan remontant sur mon poignet, picotant ma peau agréablement.

— Détendez-vous, murmura-t-il de nouveau.

— J'essaye ! soufflai-je, exaspérée.

Doucement, il effleura mon avant-bras, ses doigts pianotant sur ma peau. Je soupirai lourdement, luttant contre la sensation de désir brut qui m'envahissait peu à peu. Le jeu dura de longues minutes, jusqu'à ce que mes jambes puis mon ventre se transforment en gelée tremblotante. Jamais un homme ne m'avait touchée ainsi, délicatement, doucement. Je relevai une paupière, mais il me repéra tout de suite et me lança un regard désapprobateur.

— Comment vous sentez-vous ? demanda-t-il dans un souffle.

— Bien. Très bien.

— Parfait. Vous n'êtes plus sur la défensive, c'est plutôt agréable. Je suis épuisé de me battre contre vous.

— Vous êtes déjà épuisé ? m'amusai-je en rouvrant les yeux.

Ses doigts glissèrent le long de mon avant-bras avant de finir dans le creux de ma main. Il la serra dans la sienne et, contrairement à ce que je pensais, il ne la lâcha pas.

— Et maintenant ? demandai-je, un peu déçue.

— Dans un premier temps, finissez votre assiette. On verra pour le dessert.

— Si je ne vous connaissais pas, je pourrais prendre ça pour une proposition très indécente.

— Vous ne me connaissez pas encore assez, mais je vous confirme le degré d'indécence du dessert.

— Et si je ne suis pas d'accord ? dis-je en m'attaquant à mon assiette.

— Pourquoi ruinez-vous tous mes espoirs alors que vous avez à peine commencé à manger ?

— J'aime l'imprévu et vous avez changé les draps. Nous sommes donc dramatiquement incompatibles.

— J'ai une autre interprétation. Vous savez, cette théorie des opposés qui s'attirent. Et si j'en crois votre passé, cela se vérifie. Cela n'a pas fonctionné avec un homme qui vous ressemblait : même travail, même style de vie. Offrez donc une chance à un pauvre type comme moi.

— Pourquoi tous les hommes que je croise aujourd'hui veulent-ils que je leur offre une chance ? D'abord Banks, ensuite vous.

— J'aime beaucoup que vous ayez gardé le meilleur pour la fin, s'amusa-t-il.

Il plongea son regard dans le mien, une lueur de sincérité illuminant ses pupilles. Ses doigts, coincés au creux de ma main, remuèrent ; dans l'instant ma bouche s'assécha. Mon corps réagissait violemment, j'en avais l'habitude. Mes réactions épidermiques étaient franches : dès qu'un homme me touchait, je savais instinctivement si nous étions, d'une manière ou d'une autre, faits l'un pour l'autre. De la même façon que mon corps avait rejeté le contact de Peter Banks, il quémandait celui de Jonathan.

— À quel moment peut-on poser les questions indiscrètes ? demandai-je en retirant ma main.

— Que voulez-vous savoir ?

— Je ne sais pas. Votre parcours ? suggérai-je. Avant de revenir ici, où êtes-vous allé ?

— J'ai été prof à Boston au début de ma carrière. Ensuite, je suis allé à Cleveland quelques mois et j'ai fini par revenir à Boston, avant d'apprendre que ma mère avait besoin de moi ici. J'ai eu de la chance, un poste se libérait.

— Comment s'appelait-elle ?

— Qui ?

— La femme pour laquelle vous êtes parti à Cleveland.

— Je crains de vous décevoir. Je n'ai jamais choisi de changer de vie pour une femme. Je ne suis pas ce genre d'homme.

— J'aurais dû m'en douter quand vous m'avez dit que vous ne me prêteriez pas votre veste. Vous n'avez aucun sens du romantisme.

— Je ne vais pas vous vendre quelqu'un que je ne suis pas, Liz. Je laisse ça au monsieur qui vous exhibe en Porsche.

Encore cette animosité persistante. Mais cette fois, je ne la comprenais pas. Nous étions en tête à tête, à partager un délicieux dîner.

— Dites-moi ce qu'il y a entre Peter Banks et vous.

— Liz, c'est pourtant évident : vous !

— Vous êtes jaloux ? m'esclaffai-je.

— Je suis inquiet, corrigea-t-il en souriant. Vous avez l'air d'être une fille bien, je refuse qu'il vous embobine.

— Je suis une grande fille, Jonathan. Laissez-moi prendre mes décisions. Par ailleurs, je connais très bien les hommes comme Peter, ils se lassent très vite.

Jonathan hocha la tête, acceptant ma réponse. Si je n'avais aucune raison de justifier ma relation avec Peter Banks — à mes yeux, strictement professionnelle —, je savais qu'être sa cavalière au gala susciterait non seulement des commérages, mais aussi des questions. Curieusement, j'avais la sensation d'être prise au piège. Jonathan était entreprenant, attirant, magnétique et Peter était... surprenant, souvent même loin de l'image de fils à papa que je m'en faisais. Son idée de vente de charité m'avait touchée.

Nous finîmes notre repas dans une ambiance étrange. Malgré les explications de mon compagnon, malgré ses regards, malgré sa main qui cherchait la mienne, une tension persistait entre nous. Notre conversation demeura légère, ses provocations m'amusaient, mais le crépitement électrique de désir que j'avais ressenti quand il m'avait touchée semblait s'être évaporé.

— Vous le sentez, vous aussi, n'est-ce pas ? s'enquit-il après avoir demandé l'addition.

— Quoi donc ?

— Ce malaise entre vous et moi. Ce malaise du premier rendez-vous, l'instant où on s'interroge.

— Ce n'est pas ça, dis-je en relevant les yeux vers lui.

Brutalement, je pris conscience de ce qui me gênait. C'était cette ville, c'était ce restaurant. C'était surtout ces regards sur moi. La ville entière vivait sous la coupe des Banks, dépendant de leur argent, de leur présence. Tous les habitants savaient que je travaillais pour lui. Peter Banks m'avait suivie chez la fleuriste, m'avait accostée chez le garagiste. J'avais la sensation désagréable d'être devant un peloton d'exécution, juste parce que je trahissais l'honneur des Banks. Et moi qui me pensais libre, malgré mon accord bancal avec le patriarche.

— On nous surveille, murmurai-je.

— Vous venez seulement de vous en rendre compte ? s'étonna-t-il.

— C'est complètement ridicule, pestai-je. Travailler avec Peter Banks ne m'interdit tout de même pas de dîner avec un autre homme !

— En effet. C'est coucher avec lui qui vous l'interdit.

— Mais je ne couche pas du tout avec lui ! m'exclamai-je d'une voix forte.

— Liz, vous devez savoir une chose : dans cette ville, si vous n'êtes pas avec les Banks, vous êtes contre eux. Là, vous brouillez les pistes et vous bouleversez leurs petits repères habituels.

Les mots de Peter me revinrent dans la seconde. Il ne voulait pas que je m'affiche avec un autre homme que lui. J'avais pris cette situation à la légère, j'avais relégué au second plan la proposition vicieuse du père de Peter, j'avais choisi ma liberté. Maintenant, je prenais conscience de l'énormité de la situation. Peter devait déjà être au courant de mon escapade avec Jonathan ; et son père ne tarderait pas à me rappeler notre accord. En une courte seconde, l'esprit léger de la soirée se dissipa.

J'avais toujours refusé qu'on dicte mes choix : soit par entêtement, soit en raison d'un esprit libertaire parfois extrême. Banks pouvait avoir l'argent, le pouvoir et peut-être même une forme d'influence nauséabonde sur mon compte en banque, mais je ne voulais pas qu'il gâche ma soirée.

— Partons d'ici, proposai-je d'un ton définitif en me levant de table.

Jonathan régla l'addition en jetant deux billets et me suivit alors que je slalomais entre les tables du restaurant, cherchant volontairement à rallonger le trajet jusqu'à la porte. À mon passage, les têtes se tournèrent, les discussions se turent, les regards désapprobateurs fusèrent.

— Vous avez été kamikaze dans une vie antérieure ? demanda Jonathan alors que nous rejoignions sa voiture.

— Cela ne devrait pas vous surprendre, pourtant !

— C'est vrai... Cette absence totale d'obéissance à quoi que ce soit. J'espère, en tout cas, que cela ne nuira pas à votre travail.

— Nous n'avons rien fait de mal, rétorquai-je.

— Pas encore, murmura-t-il en m'enlaçant.

Lui faisant face, je jetai un coup d'œil discret aux alentours, vérifiant que personne ne nous surveillait. Je posai les mains sur son torse, devinant une légère crispation de ses muscles.

— J'ai été stupide, soufflai-je.

— D'avoir dîné avec moi ?

— D'avoir sous-estimé la famille Banks. Dîner avec vous, au contraire, a été très agréable.

— Jusqu'à ce que vous réalisiez l'ampleur des dégâts ? Liz, je ne veux pas vous créer de problèmes. Je ne veux que votre bien, ajouta-t-il à voix basse en se penchant à mon oreille. Mais je serais vraiment déçu que, même à distance, Peter Banks ruine notre soirée.

— Il ne la ruinera pas. Je crois me souvenir d'une vague histoire de dessert ?

— Je suis vraiment vexé, là, s'esclaffa-t-il. Une « vague » histoire de dessert ? D'ici quelques jours, Peter Banks, lui, ne sera plus qu'un « vague » souvenir.

— Cette soirée est censée propulser notre entreprise. Même si je déteste son aura maléfique, je ne peux pas faire sans, soulignai-je en me détachant de son emprise.

Il poussa un long soupir. Je me demandais s'il s'agissait de lassitude ou d'exaspération profonde. Il passa une main sur ses joues couvertes de cette légère et séduisante barbe, avant de planter son regard dans le mien.

— Répondez-moi franchement, Liz : ai-je la moindre chance avec vous ? Parce que vous me plaisez vraiment, mais je ne suis pas du genre maso. J'adore dépenser mon énergie pour des causes qui en valent la peine. Sincèrement, je n'ai pas envie d'attendre une semaine pour m'autoriser à vous prendre la main en pleine rue si j'en ai envie.

— Je ne vois pas ce que ça change ! objectai-je, un peu surprise par sa vive réaction.

— Beaucoup de choses pour moi. Venez prendre ce dessert chez moi !

— Chez vous ?

— Nous serons à l'abri des regards indiscrets.

— Parce qu'évidemment, c'est la seule raison qui vous pousse à m'inviter chez vous ?

— La seule, oui. Enfin, disons la seule honnête ! Liz, j'ai déjà fait avec vous tout un tas de choses que je ne fais pas habituellement avec une femme qui me plaît. Par principe, je refuse d'en venir à la supplication !

J'éclatai de rire, tandis qu'il croisait les bras pour asseoir son argument. J'avais de nouveau cette sensation désagréable d'être prise entre deux feux, entre mon accord avec le libidineux Banks et le regard de Jonathan. Au-delà de ce choix, j'avais aussi ma fierté et ma farouche indépendance.

— Avez-vous quelque chose contre les relations clandestines ? demandai-je en souriant.

— J'adore défier l'autorité. Allons chez moi, déguster ce fabuleux dessert.

Il ouvrit la portière du passager, effleurant mon bras par la même occasion. Ses yeux s'attardèrent sur ma bouche et j'en profitai pour sortir mon tube de rouge à lèvres pour une retouche d'usage. Jonathan fronça les sourcils avant de m'offrir un sourire qui en disait long sur ses intentions.

Il contourna la voiture, s'installa au volant et m'adressa un nouveau regard, juste avant de démarrer. Je rangeai mon tube dans mon sac, sentant ce crépitement de désir jaillir dans l'habitacle.

— Qu'y a-t-il ? demandai-je en feignant de ne pas comprendre.

— J'étais à deux doigts de vous supplier, avoua-t-il.

Je répondis à son sourire et attachai ma ceinture. Ce n'est qu'à la sortie du parking, en croisant une silhouette malheureusement familière, que je réalisai que j'avais pris la mauvaise décision.

Chapitre 7

— Je ne sais pas si je dois saluer votre sens du romantisme ou votre don pour l'organisation ? demandai-je à Jonathan d'une voix forte.

La seule réponse que je perçus fut un bruit de verres entrechoqués. Mon regard se dirigea vers le jardin où Jonathan, grand romantique devant l'éternel, avait déposé une couverture et quelques bougies d'ambiance. Peut-être aurais-je dû le féliciter pour son timing, avec ce coucher de soleil qui inondait le ciel de nuances de rouge et d'orangé. Au loin, je devinais la forêt du comté. Avec une meilleure vue, j'aurais sûrement pu trouver la demeure des Banks.

Je retirai mes chaussures, profitant de l'air encore tiède de la soirée. L'herbe me chatouillait agréablement les pieds, me faisant oublier la fin catastrophique de notre dîner. Jonathan et moi avions décidé tacitement de ne pas en parler. Mais ma seule présence ici ce soir, en tête à tête avec lui, suffisait à me rappeler que j'avais conclu un accord avec le diable en personne.

— Avez-vous froid ? m'interrogea Jonathan en s'approchant de moi.

— Ça ira.

Il me tendit un verre de vin rouge, qu'il fit tinter contre le sien. Il avait retiré sa veste, déboutonné sa chemise et dégagé ses avant-bras. D'un geste de la main, il m'indiqua la couverture au sol et s'assit près de moi.

— Et ce dessert ? m'enquis-je en ramenant les genoux sur ma poitrine.

— Encore un peu de patience, souffla-t-il avant de boire une gorgée de son vin.

Du bout des doigts, il repoussa mes cheveux sur mon épaule et effleura la peau de mon cou. La chair de poule envahit mon corps dans l'instant. Je remuai légèrement ma main libre se retrouvant à proximité de la sienne. Je savais qu'il attendait un signal, même infime, pour se jeter à l'eau.

— Je vais chercher le dessert, lança-t-il avant de se relever brutalement.

Stupéfaite par son changement radical d'humeur, je le suivis des yeux. Il retourna à grands pas à l'intérieur de la maison. De nouveau, j'entendis des bruits provenant de la cuisine, puis Jonathan réapparut, le sourire aux lèvres en portant un plateau.

— Crème brûlée, lançai-je, admirative.

— J'espère que vous aimerez.

— Vous l'avez vraiment préparée ou vous voulez simplement m'impressionner ?

— Je cherche surtout à vous faire comprendre que vous nourrir de boîtes de conserve n'est pas très bon pour la santé, répondit-il en se rasseyant près de moi.

— Nous y voilà ! Admettez que c'était un plan pour me draguer !

— Cruel dilemme. Vous me demandez de l'honnêteté, à l'instant crucial où je cherche à porter l'estocade.

— Très poétique ! C'est délicieux, ajoutai-je en mangeant ma crème.

— Je ne l'ai pas vraiment préparée, avoua-t-il avec un sourire.

Il leva la main et, du bout de l'index, effaça une trace de crème sur mon menton. Je me figeai, tétanisée par le contact de ses doigts. Ma gorge s'asséchа et il me sembla que mon estomac allait se ficher dans mes talons. Son regard se posa tour à tour sur mes mains, puis mes lèvres et enfin mes yeux.

— Le rouge est définitivement ma couleur préférée, murmura-t-il en se penchant vers moi.

Doucement, sa bouche effleura la mienne. Il se recula légèrement, sondant mon regard, cherchant la réponse qu'il attendait. Un faible sourire erra sur mes lèvres, tandis que j'agrippais sa nuque pour l'attirer de nouveau contre moi. La crème brûlée m'échappa et alla s'écraser au sol. Une de ses mains se cala dans le creux de mon dos, m'invitant ainsi à m'allonger complètement. Ses lèvres goûtaient les miennes avec douceur, appliquant ainsi à la lettre sa politique de non-agression. Mais cela ne me suffisait plus. Si j'avais apprécié qu'il me laisse mener les préliminaires de notre relation secrète, j'avais maintenant besoin de savoir que j'étais avec un homme qui savait ce qu'il voulait.

Son corps couvrit le mien et sa main remonta sur mon flanc. Il n'y avait plus ce crépitement persistant de désir. Juste *le* désir. Intense, brûlant et dont les flammes se propageaient à une vitesse hallucinante dans les moindres parties de mon corps. Je m'entendis gémir, de plaisir, bien sûr, mais surtout de satisfaction. Il n'y avait plus cette attente oppressante entre lui et moi, cette tension intenable contre laquelle je luttais depuis notre rencontre.

Sa langue caressa la mienne, quémandant de nouveau une autorisation non nécessaire. Mon corps s'enflamma de plus belle, mes mains, agrippées à sa nuque, caressant ses cheveux. Je me cambrai légèrement, perdue dans les sensations inédites de sa paume chaude contre ma peau et du goût de vanille sucré sur ses lèvres. Notre baiser, au départ chaste et prudent, devint très vite beaucoup plus ardent et hors de contrôle. À bout de souffle, noyée dans mon désir, je sentis Jonathan s'écarter de moi.

— Je savais que ton corps céderait en premier.

Sans me laisser le temps de répondre, ses lèvres longèrent la ligne de ma mâchoire, me faisant arquer le dos pour accentuer le contact entre nos corps. Sa bouche atteignit la courbe de mon épaule, repoussant la bretelle de ma robe sur mon bras. Autour de nous, seulement le silence de ce début de soirée et la sensation étrange d'être seule au monde avec lui. J'abandonnai sa nuque à mesure que ses lèvres descendaient le long de mon bras, gagnant le creux de mon coude.

— Un endroit familier désormais, murmura-t-il sur ma peau tout en relevant les yeux vers moi.

— Tu fais dans le fétichisme en fait, conclus-je en sentant sa bouche remonter lentement vers la mienne.

Il m'embrassa de nouveau, très doucement, sa langue caressant la mienne dans une insupportable lenteur. Il prenait son temps quand tout mon corps réclamait la libération. Mes mains retrouvèrent son cou, mais il les retira, plaquant mes poignets au-dessus de ma tête.

— Tu m'as nargué toute la soirée avec ton rouge à lèvres, lança-t-il avec humour.

— Je n'ai fait qu'obéir religieusement à tes instructions, murmurai-je en ondulant du bassin.

— Il n'y a rien de religieux dans ce que j'ai envie de te faire.

Sa bouche suivit le contour de ma mâchoire et souffla doucement dans mon cou, avant de dégager la seconde bretelle de ma robe. Il me relâcha et je profitai d'un instant d'inattention de sa part pour le repousser, passer au-dessus de lui et me positionner à califourchon sur ses cuisses. Ma robe remonta légèrement, son regard envieux se baladant paresseusement sur ma peau. Mon vêtement tenait à peine sur moi, le tissu lâche flottait sur ma poitrine, sans la dévoiler.

— Que vais-je faire de toi ? demanda Jonathan, très amusé par cette nouvelle position.

— Que dirais-tu de me raccompagner chez moi ?

— Déjà ? s'écria-t-il en se redressant sur ses avant-bras.

Je me pinçai les lèvres, sentant la pointe du désir piquer mon bas-ventre. J'avais envie de lui et, de toute évidence, il avait aussi envie de moi. Pourtant, il n'était pas question de lui céder si facilement. Il avait su me séduire, me faire partager mes secrets enfouis, mais j'avais cette sensation désagréable d'être une forme de défi à relever ou un animal à dompter.

— J'ai des détails à finaliser demain pour le gala, je ne peux pas me permettre une grasse matinée crapuleuse... Je dois me lever tôt.

Brusquement, Jonathan se redressa, agrippa ma nuque et s'empara de ma bouche. Assise sur lui, je basculai légèrement en arrière. Il me retint, une main plaquée contre mon dos, et son baiser devint sauvage, presque désespéré. Je me cramponnai à ses bras, me maintenant dans un équilibre précaire, non seulement à cause de ma position, mais surtout en raison du désir qui flambait de nouveau dans tout mon corps. Si j'avais réussi à juguler les premières et sages attaques de Jonathan, celle-ci, beaucoup plus débridée et hors de contrôle, menaçait de briser mes bonnes résolutions.

— Reste, souffla-t-il sur mes lèvres.

Il ne me laissa pas le temps de réagir, repoussant vivement le tissu de ma robe pour découvrir ma poitrine. Un petit cri m'échappa, très vite suivi par un gémissement quand son pouce passa sur la pointe de mon sein. Un frisson courut sur mon échine pour finir dans mes reins. Ma robe finit entortillée autour de mes hanches et je me retrouvai à moitié nue au-dessus d'un homme que je connaissais à peine.

Sa bouche remplaça son pouce, happant mon mamelon tendu et gorgé de désir entre ses lèvres. Je grognai mon plaisir, me cambrant un peu plus, mon corps totalement à sa merci. Ses paumes passèrent sur mes côtes, déclenchant un nouvel accès de chair de poule. Il avait raison, je ne voulais pas partir.

Jonathan s'acharnait sur moi. Après avoir offert un délicieux traitement à mon sein droit, il s'affaira sur le gauche, sa langue cadencée au rythme de mes gémissements qui se faisaient de plus en plus forts. Le désir pulsait dans mes veines, provoquant chaleur, envie et impatience. Mes seins devenaient une zone érogène surpuissante, les suçotements de Jonathan et le contact de ses paumes rêches réveillant et attisant mes sens. Je me surpris à passer les mains dans ses cheveux, le serrant ainsi au plus près de moi. J'ondulai des hanches, le besoin de friction devenant de plus en plus impérieux.

Jonathan grogna et me mordilla le sein, avant d'abandonner ma poitrine. Ses doigts rejoignirent mes fesses, qu'il prit à pleines mains et serra fortement. Je me sentais au bord de la rupture, perdue dans les prémices d'un orgasme dévorant et indécent. Comment arrivait-il à me faire ressentir autant de choses ? Au-delà du sexe, de l'envie, il y avait cette sensation inédite de liberté et de pouvoir. Pour la première fois depuis longtemps, j'avais les cartes en main.

— Jonathan, murmurai-je en repoussant ses mains.

J'entrelaçai mes doigts aux siens, espérant que mon rejet ne signifiait pas la fin totale de notre relation. Il releva les yeux vers moi, ses lèvres rougies d'avoir été si... occupées à me faire du bien. Libérant une de mes mains, je la passai sur sa barbe, égarant mon pouce sur sa bouche. Il l'embrassa doucement, sa respiration s'apaisant au fur et à mesure. Dans le silence le plus total, il colla sa joue contre ma poitrine, s'offrant une dernière étreinte.

Je me perdis dans sa chevelure, mon souffle court reprenant lui aussi un rythme normal. Il déposa un dernier baiser à la naissance de mon décolleté et, sans rien dire, remonta ma robe pour me couvrir. Il s'appliqua sur les bretelles, poussant un profond soupir de frustration. Je me redressai, quittant ses jambes pour me rasseoir à ses côtés. Du coin de l'œil, je le vis se réajuster maladroitement.

— Je te préviens, je supporte très mal la privation, lança-t-il.

— Une menace ?

— Absolument. Ou alors, je prendrai Ted en otage jusqu'à ce que tu te donnes à moi.

— Que je me donne à toi ? Dans quel siècle vis-tu ? dis-je en souriant.

— Un siècle douteux où je dois passer pour un gentleman, tout en étouffant ma frustration et en restant digne. Soit dit en passant, j'ai une érection monstrueuse à cause de toi !

J'éclatai de rire, très vite suivie par Jonathan. J'avais craint un sentiment de malaise, un début d'explication, voire une rupture de notre relation. En fait, il prenait la chose avec le sourire. Rien que pour ça, je l'appréciais d'autant plus.

— Tu sais tellement complimenter les femmes, le taquinai-je.

— Ce n'était pas un compliment ! rectifia-t-il. Ce que tu as fait est... terrible et douloureux, grimaça-t-il en se réajustant de nouveau.

— Rappelle-toi, nous avons une relation clandestine, donc par essence beaucoup plus excitante. Dès que le gala sera terminé, tu retrouveras un comportement normal.

— J'en doute. Par ailleurs, ce n'est pas la clandestinité de la relation qui m'excite. C'est ta robe et tes seins !

— Tu as pensé à distiller ta science du compliment à tes élèves ? ironisai-je.

— Je vais y songer, souffla-t-il en se relevant.

Il tendit la main, m'aidant à me redresser à mon tour, et m'attira contre son corps musclé. Je sentais son érection encore bien présente, tandis que les braises du désir se ravivaient, picotant mon intimité. Pendant un court instant, je me fustigeai d'avoir été aussi... pudibonde.

— Quel délicieux froncement de sourcils, alors

que je m'apprêtais à te dire que j'avais passé une très bonne soirée ! À quoi penses-tu ?

— À ma manie de gâcher les meilleurs moments, grognai-je. Alors qu'on aurait pu rester là, à faire l'am...

Jonathan posa un index impérieux sur ma bouche, me faisant taire dans l'instant.

— Ce que tu dis ne m'aide pas ! murmura-t-il en plantant son regard dans le mien. Et tu avais raison de m'arrêter. J'ai bien envie de continuer à te courtiser encore un peu !

— Me courtiser ? Es-tu devenu une sorte de Rhett Butler des temps modernes ?

— Franchement, ma chère, c'est le cadet de mes soucis, chuchota-t-il d'une voix chaude à mon oreille.

Je gloussai — oui, gloussai ! — et l'enlaçai pour quémander une étreinte. Qu'il connaisse une réplique d'*Autant en emporte le vent* n'aurait pas dû m'étonner, vu son métier, mais c'était cette forme de complicité intense, de jeu entre lui et moi, qui m'étonnait le plus. Notre relation était simple, facile et complémentaire.

— Je te raccompagne, proposa-t-il en m'écartant légèrement.

Il ramassa les reliefs de notre dessert : ma crème brûlée non terminée, nos verres renversés sur l'herbe. Je remis mes chaussures et regagnai l'intérieur de la maison. La nuit tombait lentement sur Goose Creek, le ciel se voilant de rose et de mauve. Furtivement, je songeai au gala : si Peter arrivait à ses fins, la soirée serait magnifique.

Jonathan posa sa veste sur mes épaules alors que je l'attendais près de la voiture. Je lui lançai un clin d'œil, me souvenant de sa remarque lorsqu'il était arrivé chez moi.

— Mon gilet est sur la banquette arrière, déclarai-je en m'installant sur le siège.

— Offre-moi deux secondes de rêve, je te prie ! rétorqua-t-il en prenant le volant.

— « Je te prie » ? remarquai-je.

— C'est mon côté gentleman du Sud !

— Après ce que... Enfin... après cette attaque en règle de mes seins, tu n'as plus rien d'un gentleman ! Manquerais-tu de confiance en toi ?

— Liz, le jour où je serai absolument sûr de moi, et plus important, de nous, où sera encore l'étincelle de la passion ?

— L'étincelle de la passion ? répétai-je en grimaçant, presque écœurée par tant de miel.

— J'espérais te faire glousser de nouveau, s'esclaffa-t-il.

— Je n'ai pas gloussé, assurai-je d'un ton définitif.

— Oh que si. Tu gloussais !

Et évidemment, un gloussement m'échappa dans l'instant. Je plaquai les mains sur ma bouche, espérant limiter les dégâts. Jonathan fut secoué d'un fou rire monumental, lui faisant perler des larmes au bord des yeux.

Après avoir réussi à contenir son rire, et moi mon embarras, Jonathan captura ma main et la garda dans la sienne. Il se gara devant chez moi, restant volontairement dans la voiture pour m'y garder un peu plus longtemps.

— J'ai passé une très bonne soirée, dis-je en me penchant vers lui.

— Prête à remettre ça alors ?

— Que dirais-tu de vendredi ?

— La veille du gala ? s'étonna-t-il. Je pensais que tu aurais...

— Besoin de me détendre ? Sans aucun doute !

Si tu peux aussi me refaire le coup du coucher de soleil, de la crème brûlée, du vin... et du reste, je ne suis pas contre.

— Liz, je viens à peine de me calmer, gronda-t-il.

— Je sais ! triomphai-je en ouvrant la portière. Chez toi, vendredi !

Je contournai la voiture, tandis que Jonathan sortait à son tour de l'habitacle. Je l'entendis me suivre pendant que je grimpais les trois marches menant à ma porte d'entrée.

— Dois-je venir te prendre ?

— Quel choix de mot particulièrement astucieux ! me moquai-je en me tournant vers lui.

— N'est-ce pas ? Mais je ne rectifierai pas !

— Je suis choquée, dis-je en souriant.

— Et moi, je suis sous le charme ! murmura-t-il en approchant de moi.

Je reculai, sachant que mon dos allait heurter le mur. Je ne cherchais pas à fuir, juste à savoir jusqu'où il irait. Son regard changea, se voila d'un désir brut, intense, me renvoyant encore plus durement à mon précédent accès de pudibonderie. À la différence des autres hommes que j'avais connus — Peter Banks inclus —, il n'y avait pas cette volonté de m'épater à tout prix. Il était naturellement prévenant, sexy, sans fioritures ridicules et inutiles.

Sa bouche s'empara de la mienne à l'instant où je sentis mon dos rencontrer le mur. Ses mains agrippèrent mes hanches, me calant contre lui. Sa langue caressa doucement la mienne, avant de m'entraîner dans un rythme fiévreux et haletant. Je m'accrochais à ce que je pouvais : sa nuque, ses cheveux, ses épaules, mais l'adrénaline qui courait dans tout mon corps, associée à l'exigence de sa bouche, ne me permettait pas de rester en place. Je m'entendis gémir lourdement, mon cœur frappant ma cage thoracique comme s'il voulait en sortir à tout prix.

Jonathan s'écarta furtivement de moi pour mieux revenir à la charge. Indifférent à mes voisins qui devaient sûrement se régaler du spectacle, il me souleva, cala les mains sous mes genoux et coinça son bassin contre le mien. J'étouffai un râle spectaculaire dans son cou, la bouche de mon Canadien préféré œuvrant à marquer son territoire sur mon corps qui lui appartenait déjà.

— Rappelle-moi la bonne raison que tu m'as donnée pour ne pas vouloir apprécier mes draps frais et mon café matinal ? interrogea-t-il en plongeant son regard sombre dans le mien.

— Je n'en ai pas donné, soufflai-je.

Il fronça les sourcils, avant de sourire. Doucement, il me reposa au sol. Toujours haletante, je restai accrochée à ses épaules.

— Aucune ? demanda-t-il.

— Aucune, non.

— Tu es forte !

— Tu n'as encore rien vu !

— J'en ai déjà vu... pas mal, chuchota-t-il avec un regard en biais vers ma poitrine. Vendredi donc ?

— Vendredi.

— Bonne nuit, Liz, murmura-t-il sur ma bouche.

— Bonne nuit.

L'instant suivant, il retourna à sa voiture et démarra, me laissant frustrée mais séduite à la porte de chez moi. Un sourire immense barra mon visage et, après m'être piteusement réajustée, je rentrai chez moi pour rejoindre mon lit.

*
* *

Le lendemain matin, c'est une Joan azimutée et dopée au gaz hilarant qui me surprit à la sortie de la douche. Les cheveux enturbannés dans une serviette de bain, mon corps drapé dans un peignoir rêche, je l'accueillis chez moi, très inquiète pour sa tension. Elle frôlait de près l'accident vasculaire cérébral.

— Je ne te propose pas un café ? ironisai-je alors qu'elle s'installait au bar de ma cuisine.

— Certainement pas. Celui que j'ai pris ce matin était, ô combien, instructif.

Elle m'adressa un sourire énigmatique, à mi-chemin entre une flippante Joconde et un détestable tueur en série. Quand Joan agissait ainsi, c'est qu'elle savait quelque chose. Et parce qu'elle était fan des polars de Mary Higgins Clark, elle s'attendait de ma part à un interrogatoire en règle. Mais je me contentai de retirer la serviette autour de ma tête et de frictionner ma chevelure.

— Il faut que j'aille chez le coiffeur, marmonnai-je en constatant les dégâts sur les longueurs.

— Tu ne me demandes pas avec qui j'ai pris mon café ?

— J'ai peur de mettre le doigt dans...

— Paul Dexter ! hurla-t-elle, folle de joie.

— Paul Dexter ? m'écriai-je à mon tour.

— Oui ! *Le* Paul Dexter !

Un sourire extatique apparut sur ses lèvres et, les mains jointes sous le menton, elle semblait en transe, dans une sorte de semi-prière. Le regard de Joan rencontra finalement le mien, tandis que je levais un sourcil inquisiteur.

— Tu n'as pas la moindre idée de qui est Paul Dexter, n'est-ce pas ?

— Pas la moindre, répondis-je. Cela étant dit, je n'ai pas eu le temps de lire le journal ce matin.

Elle répliqua à ma moquerie par une tape sur ma main.

— Paul Dexter est le président du Country Club et accessoirement l'adjoint au maire.

— Oh ! Eh bien, je suis ravie pour lui. Maintenant, sauf s'il a décidé de classer ma maison au patrimoine national pour la faire rénover, je ne vois pas...

— Il veut nous confier les festivités du 4 Juillet. Enfin, si le gala des Banks fonctionne !

— Il fonctionnera, assurai-je.

— Il veut une recommandation.

Je me tendis, sentant la roue du destin tourner bien plus vite que prévu. Au vu de ma relation avec le patriarche Banks, je doutais vraiment d'obtenir quoi que ce soit de lui. Hormis mon chèque. On pouvait certainement lui faire confiance sur les plans tordus, cependant, j'avais de sérieux doutes sur sa loyauté au sujet d'actes plus vertueux.

— Je demanderai à Peter, lançai-je en haussant les épaules.

— Il veut une recommandation du père, corrigea Joan quasiment immédiatement.

— Aucun problème !

Ma faculté pour mentir à Joan me surprit. Mais je refusai de l'accabler de mes problèmes relationnels avec ce vieux libidineux. J'avais déjà eu affaire à ce genre de personnage. Il ne m'aimait pas, mais aimait son ego. Si je lui faisais miroiter un intérêt quelconque — son nom dans la presse ou à l'entrée de l'aile d'oncologie de l'hôpital local —, il finirait par me pondre cette lettre.

— Vraiment aucun problème, répétai-je à Joan, tout sourires.

— Super ! s'écria-t-elle.

En une seconde, son sourire s'effaça. Elle se tordit les mains devant moi, fuyant mon regard. Je connaissais bien Joan et, si elle avait tendance à paniquer facilement au sujet de Mia, elle avait toujours été d'une franchise désarmante avec moi. Je m'assis près d'elle, abandonnant mon brushing improvisé avec ma serviette. Je posai une main par-dessus ses doigts entrelacés et tentai de capter son regard.

— Je t'ai déjà dit que tu n'avais aucune raison de t'inquiéter. C'est vrai qu'au départ j'étais sceptique sur notre capacité à organiser le gala, mais je trouve qu'on s'en sort plutôt bien, non ?

— Ce n'est pas vraiment le gala. Paul Dexter m'a parlé de toi.

— À ton ton, je devine que ce n'est pas pour vanter mes multiples qualités !

— Il dînait au restaurant, hier, avec sa femme.

Je retirai aussitôt ma main, sentant le traquenard Banks se refermer sur moi. Paul Dexter, adjoint au maire, avait sûrement une réputation blanche comme linge. S'acoquiner avec une femme outrageusement scandaleuse, dissociant audacieusement sa vie privée de sa vie professionnelle et se fichant éperdument des commérages à son sujet, ne devait pas être dans ses habitudes.

— Il m'a posé des questions sur toi, sur tes liens entre Peter Banks, son fils et... Jonathan.

— Je ne peux même pas dîner avec un homme sans déchaîner les passions ! Peut-être devrais-je mettre une annonce dans le journal au sujet de ma vie privée, dis-je en souriant.

— Oui, ou un avis de mariage.

— Je te demande pardon ?

— Il était très surpris de te voir si... intime avec un autre homme. Étant donné que tu es « fiancée » à Peter.

Je me levai brutalement de ma chaise, désespérée et surtout agacée par les proportions que pouvait prendre la moindre chose dans cette ville. Vivre dans une mégalopole avait au moins l'avantage de l'anonymat.

— As-tu quelque chose à me dire ? s'enquit-elle.

— Je t'en prie, Joan. Tu ne vas pas croire cette histoire de fiançailles ?

— Paul Dexter, lui, y croit. J'ai eu le droit au récit détaillé de ta balade en Porsche avec Peter. Je sais aussi qu'il t'a offert ce cactus.

Je passai une main sur mon visage, espérant effacer les traces persistantes du mensonge et de la stupéfaction. De toute évidence, Peter Banks avait manœuvré en coulisses pour me piéger. La proposition de Paul Dexter était trop belle pour être honnête. Maintenant, ma seule issue de secours — arguer d'une relation purement professionnelle avec Peter et lui faire comprendre que rien de plus ne se passerait entre nous — était en train de se refermer violemment sur moi.

— Tout le monde pense vraiment que je suis avec Peter ?

— À en croire ma conversation de ce matin, oui. Il faut couper court aux rumeurs. Cela évitera les interprétations douteuses.

J'écarquillai les yeux, refusant l'idée même de dire à Jonathan qu'il devrait attendre. Attendre quoi d'ailleurs ? La fin du gala ? La fin de l'ère Banks ? La fin du monde ? Il me restait l'option extrêmement tentante de l'évasion sur une île caribéenne : lui, moi, une plage de sable blanc et ces fameux parasols à cocktail...

— Il n'y a qu'une seule solution, assena Joan. Il faut que tu dises à Peter Banks que tu n'iras pas au gala avec lui.

— Qu... quoi ?

— Si tu n'y vas pas avec lui, l'idée même d'une relation amoureuse entre vous deux finira par s'estomper. Pas de relation avec lui, pas de problème pour sortir avec un autre homme et fin de l'histoire. Tu pourras aller dîner avec la réincarnation de l'Antéchrist même que toute la ville s'en fichera.

— Bah voyons, marmottai-je en prenant ma tête entre les mains.

Cette fois, ce fut Joan qui me força à relever les yeux vers elle. Elle croyait tellement dans toute cette histoire. Je me sentais encore plus mal de lui avoir menti. Mais, maintenant, le mal était fait et Peter Banks Senior avait suffisamment bien ficelé son piège pour que je m'enfonce un peu plus dans mon mensonge.

— De toute évidence, je ne vais pas te demander de cesser de voir un homme qui parvient à te donner des ordres, dit-elle en souriant.

— De toute évidence, grimaçai-je en tentant, en vain, de réprimer un sourire heureux.

— Je n'ose demander comment s'est passée ta soirée. Tu sais, j'aurais puni Mia si elle avait affiché un suçon aussi superbe que celui dans ton cou.

— Mia a des suçons dans le cou ? m'étonnai-je.

— Liz, le détournement ne fonctionne pas avec moi. Je vis avec une adolescente, je suis aguerrie à ce genre de procédés.

— J'ai passé une bonne soirée, avouai-je. Excellente même. Nous avons prévu de nous revoir vendredi.

— Donc, j'ai raison en disant que tu dois éclaircir ta relation avec Banks.

— Sûrement, soupirai-je. Je vais en effet éclaircir les choses avec Banks, promis-je.

Intérieurement, je jurai de ratatiner le père Banks et de lui faire avaler son maudit cigare. Il était responsable de tout ce marasme, et je refusai d'envisager la possibilité que l'avenir de Mia, de Joan et le mien reposent sur les épaules d'un type déloyal. Il était radicalement exclu que je m'éloigne de Jonathan comme il était impossible qu'on me dicte ce que je devais faire. Je me relevai de ma chaise, plus déterminée que jamais.

— J'ai justement une réunion avec Banks dans l'après-midi, dis-je. Nous finalisons la vente aux enchères.

Le gala était dans deux jours. Dimanche matin, quand le *Charlestonian Post* aura fait sa une sur Banks et son effroyable générosité avec la vente aux enchères, ma vie reprendrait son cours. Avec juste un peu plus d'argent sur mon compte en banque.

Chapitre 8

Ted était toujours en soins intensifs chez le garagiste. Si je me fiais à son dernier compte rendu médical, les nouvelles n'étaient guère encourageantes.

— C'est une pièce qui ne coûte pas très cher, mais je vais devoir démonter une partie du moteur pour l'atteindre.

Je n'arrivais pas à déterminer si le garagiste cherchait à m'escroquer ouvertement ou à se débarrasser de moi à tout prix. Il poussa un long soupir et j'envisageai pendant une courte et douloureuse seconde de demander une rallonge à ce bon vieux Banks. Après tout, il avait vendu l'information des fiançailles, je devais très certainement pouvoir en retirer un quelconque bénéfice. Mais très vite, je chassai l'idée, dégoûtée même de l'avoir eue. Inutile de donner à ce vieux grigou une nouvelle prise sur moi.

— Faites-le, ordonnai-je au garagiste. Je vous paierai la main-d'œuvre.

— Je crois que vous vous acharnez pour rien. C'est comme mettre un pansement sur une jambe de bois, vous savez.

— Peu importe. Tenez-moi au courant.

Je raccrochai, presque tremblante. Perdre Ted — oui, je savais qu'il ne s'agissait que d'un vieux coucou destiné à m'amener du point A au point B — serait terrible pour moi. Au-delà de l'aspect financier, j'avais un attachement particulier, des souvenirs, une partie de moi-même ancrés à ce tas de ferraille.

Je profitai de Joan et de sa session hebdomadaire de courses au supermarché pour me faire déposer devant la résidence Banks. Je comptais sur la galanterie et le goût prononcé de Peter pour l'exhibition de ses conquêtes — automobiles et autres ! — pour me raccompagner chez moi.

— Vous êtes en avance, déclara la gouvernante en m'ouvrant la grille donnant sur la propriété.

— En effet.

Je la dévisageai, m'interrogeant sur cette femme. Nos échanges avaient été rares, mais elle dégageait une aura nauséabonde, pareille à celle des Banks. Évidemment, sans la classe ni le clinquant qu'offrait l'argent de la famille, et qui auraient pu la dédouaner de son détestable comportement. Curieusement, je semblais être une cible idéale pour son amertume.

— Vous travaillez pour les Banks depuis longtemps ? demandai-je alors que nous entrions dans la demeure.

— Environ trente ans.

— Je comprends mieux.

Elle m'adressa un rictus plein d'incompréhension, une lueur de fierté persistant dans son regard, et me guida vers le bureau de son seigneur et maître. L'odeur âcre du cigare m'attaqua les narines alors que nous n'étions même pas encore en vue de l'antre du vice.

— Vous allez devoir patienter, M. Banks ne vous attend que dans vingt minutes.

— Bien. Je présume qu'il est déjà en rendez-vous.

— Aucunement.

Je tressaillis, me fustigeant de ne pas avoir anticipé un nouveau coup tordu. Certes, j'étais en avance, mais la bienséance aurait voulu qu'elle me propose un café, une chaise ou même, soyons fous, de m'annoncer à M. Cigare. Mais cette femme aimait avoir du pouvoir, si infime soit-il. Un sourire sadique s'étira sur ses lèvres. Elle était satisfaite de son effet.

— Je vous laisse patienter ici.

L'instant suivant, elle s'éclipsa, laissant derrière elle son inimitable parfum à base d'ammoniaque et de détergent industriel. À croire que cette femme n'avait pas fait seulement vœu d'allégeance aux Banks, mais aussi à la maison tout entière. Je trouvai la situation grotesque et me décidai à toquer à la porte du bureau de Banks.

Aucune réponse. Je tentai de tourner la poignée, sans succès. Alors que je pestais et frappais de nouveau à la porte, une voix derrière moi me fit bondir et manquer de peu une crise cardiaque.

— Mon père ne reçoit qu'à partir de 16 heures, Liz !

— Dieu du ciel, Peter, vous m'avez fichu une sacrée trouille, m'écriai-je, une main sur le cœur.

— Toutes mes excuses, ce n'était pas le but. Toujours un plaisir de vous voir ici, ajouta-t-il en me prenant la main pour la porter à ses lèvres.

Je restai un instant interdite, songeant que la dernière fois que j'avais vu Peter, nous nous étions quittés sur un malentendu et une imposante livraison de lis en guise d'excuses. Je m'inquiétai du message qu'il cherchait à faire passer, et surtout de savoir si le mien — une relation professionnelle et au mieux une amitié naissante — était effectivement passé sur les ondes de Peter Banks Junior.

— Vous ne pouvez pas me reprocher d'essayer, poursuivit-il, comme s'il lisait dans mes pensées. Nous autres, les Banks, sommes plutôt... insistants.

— Je vois ça, m'amusai-je en retirant ma main.

— Je ne savais pas que vous deviez voir mon père.

— Il m'a envoyé un message ce matin alors que j'étais sous la douche, expliquai-je en montrant mon téléphone portable. Je pensais que vous étiez au courant et convié.

— Il m'en a sûrement parlé au petit déjeuner et l'information m'a échappé, marmonna-t-il en haussant les épaules.

Il se rembrunit et, même moi qui le connaissais peu, je devinai le mensonge qui l'aidait à préserver son ego écorné. Son propre père, l'instigateur du gala et de mon guet-apens, ne prenait même pas la peine de le faire participer à nos réunions de préparation.

— Glenda ne vous a rien proposé à boire ?

— Je pense qu'elle était à deux doigts de m'offrir un cocktail détonant à base de mort-aux-rats et de soude caustique, ironisai-je en levant les yeux au ciel.

Mon trait d'humour eut raison de sa vexation précédente et son sourire réapparut. Il me détailla, examinant ma blouse de soie légère et mon jean coupé à mi-mollet.

— Elle est au service de la famille depuis très longtemps et je crois qu'elle vous assimile à cette jeunesse décadente qui hante nos villes.

— Décadente... Rien que ça !

— Il y a quelques années, Glenda s'acharnait à recoudre les jeans que j'achetais déjà déchirés.

Un sourire nostalgique flotta sur ses lèvres, puis

il secoua la tête, ravalant son amusement. Je le dévisageai, stupéfaite de constater que son masque d'arrogance presque détestable était en train de fondre sous mes yeux. Pendant une demi-seconde, Peter Banks m'inspira autre chose que de la crainte mêlée d'animosité.

Pour la première fois depuis ce fameux samedi dans la cour de sa résidence, il me troubla.

— Suivez-moi, je vous fais visiter. Père est ponctuel : à cette heure-ci, il doit discuter avec son bookmaker, fit-il remarquer en jetant un œil à sa montre de gousset.

Dans quel genre de faille spatio-temporelle étais-je tombée ? Scarlett et Rhett n'allaient pas tarder à apparaître, lui avec son parfait brushing, elle avec sa robe importable...

Je ne relevai pas l'information du bookmaker et suivis Peter vers l'escalier. Le deuxième étage de la bâtisse était constitué d'un immense séjour avec des baies vitrées donnant sur deux vérandas. Le soleil inondait la pièce. Mais ce qui me frappa fut surtout les grandioses tableaux colorés qui dominaient la pièce. Grande admiratrice d'art contemporain, je devinai que ces deux toiles avaient été accrochées ici par un connaisseur.

— À gauche, il y a trois chambres, notamment celle de Glenda.

— Voilà qui est bon à savoir, ironisai-je en songeant à crever son matelas.

— Celle-ci est celle de Cassie. Ma nièce a sa propre chambre quand elle nous rend visite.

— Votre nièce ?

— J'ai une sœur. Cassie est l'œuvre ultime de son troisième mariage, lança-t-il en ricanant.

— Troisième ?

— Et elle finalise actuellement son troisième divorce.

J'imaginai la pièce rose bonbon, décorée de tulle, de meubles hors de prix et rivalisant sans peine avec un magasin de jouets. Cette gamine devait certainement obtenir ce qu'elle voulait en un claquement de doigts.

Une Banks, en somme. La relève était donc bien assurée.

— La dernière chambre est désormais prévue pour nos invités. Vous en l'occurrence.

— Moi ? Et pourquoi au juste ? demandai-je en lançant un regard soupçonneux à mon vis-à-vis.

— Nous la gardions toujours pour l'organisatrice. Elle avait pris pour habitude de se changer ici.

— Oh ! J'ai cru que...

— Vous avez cru que je vous proposais autre chose que de vous changer ? se moqua Peter.

— En effet, avouai-je.

— Liz, j'ai déjà essuyé une rebuffade. Je sais que notre soirée ensemble au gala ne tient qu'à un fil, je ne tiens pas à me ruiner de nouveau en lis... ou en cactus.

Une *rebuffade* ? Bien, j'avais été aspirée dans la fameuse faille. Bientôt, Peter Banks me ferait la cour assidûment, m'inviterait à un grand bal avec robes à froufrous, et ensuite il me chanterait la sérénade sous la fenêtre de ma chambre.

Avec un peu de lucidité et une pointe d'ironie, je notai que ce n'était pas si éloigné que ça de la réalité, sérénade mise à part.

Peter me guida de nouveau vers l'escalier pour gagner le dernier étage de la maison. Devant moi trônait un bar de bois précieux, entouré de tabourets en cuir. Sur la gauche, un monstrueux billard anglais. Je laissai mes mains glisser à la surface du tapis vert, réfléchissant à la dernière fois où j'avais joué. Ça remontait à la fac, et j'y avais développé une certaine maîtrise de ce sport.

— Ici, une salle de cinéma. Insonorisée, évidemment.

— Et de vingt places, évidemment, ajoutai-je.

— Mon père ne fait pas les choses à moitié, plaisanta-t-il en contournant le bar. Je vous sers quelque chose ? Sauf si vous préférez un des cocktails de Glenda...

— Ne me jugez pas, mais je prendrais bien un gin tonic. Sans tonic et avec double gin. Et cette porte ? m'enquis-je avec curiosité.

— Une salle de gym et un sauna. Mon père, toujours. Heureusement, j'ai pu récupérer le bureau et l'espace tout au fond, histoire de travailler en paix.

Peter me tendit mon verre, tandis que je me baladais autour du billard. J'étais véritablement impressionnée. J'avais pourtant l'habitude du clinquant, de l'argent, de l'exhibition à outrance. Mais dans cette maison si impersonnelle, si froide, dévouée à la dynastie Banks, cela me stupéfiait. Entre les tableaux, ce billard, le visage chaleureusement désuet de Peter, j'étais en train de perdre mes précieux repères.

— Vous ne vous attendiez pas à ça, n'est-ce pas ?

— Je ne sais pas à quoi je m'attendais, à vrai dire.

Je pris une gorgée de mon gin, savourant sa douce brûlure dans ma gorge. Brutalement, un détail sur la vie de Peter me revint.

— Peter, pardonnez-moi ma question, mais vous avez dit que vous travailliez ?

— Je tiens une galerie à Charleston.

— Une galerie ? Une galerie d'art ?

— Art contemporain. À l'occasion, je fais aussi un peu de restauration de tableaux. Venez par ici.

Je le suivis, de plus en plus estomaquée par le tour que prenait cette visite. Qui était l'homme devant moi ? Où était passé le type arrogant, séducteur, avec ses lunettes d'aviateur ? J'étais perdue, incapable de me faire une idée véritable sur cet homme. Il ouvrit la porte qui donnait sur le fond de la pièce, me laissant découvrir un atelier spacieux, lumineux, dont le mur opposé soutenait une étagère remplie de fournitures d'art. Une vague odeur de vernis et de dissolvant flottait dans la pièce. Sur ma gauche, je vis un tableau sur un chevalet ; la partie supérieure avait été impeccablement nettoyée, révélant, sans les ternir, des nuances de rouge et de jaune.

— La galerie me permet de m'offrir l'Aston Martin. La restauration me permet de vous offrir un cactus, dit-il avec un sourire.

— Je peux ? demandai-je en désignant un tableau au sol.

— Je vous en prie.

Il s'effaça et me laissa entrer dans la pièce. Je posai mon verre sur une des tables — celle des pinceaux, apparemment — et me concentrai sur la peinture face à moi. Je suivis du doigt les couleurs : le jaune se mêlant au vert, le bleu saupoudré de blanc, le noir assombrissant l'ocre. Je n'avais pas été dans un musée, ni même une galerie, depuis une éternité. Maintenant que j'avais toutes ces couleurs sous les yeux, je prenais conscience du manque que j'en éprouvais. La peinture avait toujours été un refuge dans mon adolescence. Je n'étais définitivement pas douée pour peindre ne serait-ce qu'un ciel bleu, mais j'aimais admirer des toiles.

— J'en déduis que la nuance « cuisse de nymphe » ne vous est pas inconnue, dis-je en me redressant.

— En effet. Je suis très fort en... nuances, déclara-t-il après quelques instants de réflexion.

— Peter, en toute franchise, je ne vous imaginais pas du tout en amoureux de l'art.

— C'est un de mes problèmes. Vous savez, le nom de famille...

— Eh bien, vous avouerez qu'avec un père qui a fait fortune dans l'immobilier, et cette maison gigantesque... Pardonnez-moi, mais je vous avais mis dans la case « fils à papa ».

— C'est une case qui me correspond aussi, s'amusa-t-il. Mais vu que ce profil ne semble pas vous convenir, je me dois d'abattre mon arme secrète.

— Oh ! Donc, tout ça, c'est une tentative désespérée pour me séduire ?

— Je garde l'aspect « désespéré » pour le soir du gala. Je sais que j'ai toutes mes chances.

Bon sang, la sérénade !

Et voilà que l'homme arrogant réapparaissait devant moi. J'étouffai un rire, prenant une gorgée de mon gin, avant de vérifier l'heure sur ma montre.

— Peter, je vous ai déjà dit de ne pas considérer notre relation autrement que professionnellement, assenai-je d'une voix douce, tout en repensant au contrat vicieux qui me liait à son père.

— Je sais. Je vous ai déjà proposé de vous virer, mais je crains alors de ruiner toutes mes chances. Sortons d'ici, père n'apprécie que modérément l'odeur du solvant.

Je fronçai les sourcils, finissant mon verre. L'alcool avait légèrement embrumé mes neurones, mais j'avais suffisamment de lucidité pour voir que Peter cherchait à noyer le poisson. Toutefois, j'étais décidée à annihiler toute tentative vaseuse de sérénade... ou autre danse de la séduction.

— Peter, comment faites-vous pour être aussi imprévisible... et prévisible à la fois ? m'enquis-je en posant mon verre vide sur le bar.

— Ma chère, c'est un Banks, gronda la voix de son père derrière moi. C'est notre force !

Il me sembla que l'attitude du fils Banks changea. Ses épaules s'affaissèrent et il baissa le regard vers mon verre qu'il se mit à rincer. Quand il releva les yeux vers moi, j'eus la sensation qu'il était abattu, miné par la présence inattendue de son père. Le souvenir de sa confession, au garage, puis ici même, au sujet de son pesant nom de famille me revint. Visiblement, le portrait lisse, arrogant et prétentieux que je me faisais de Peter n'était peut-être pas conforme à la réalité.

— Monsieur Banks, déclarai-je avec un sourire hypocrite.

— Mademoiselle Reilly. Toujours un plaisir de vous voir. Même dans cette tenue, fit-il remarquer en faisant courir son regard salace sur moi.

— Votre camionnette est toujours au garage ? nous interrompit Peter.

— Toujours, oui. Je ne désespère pas de la retrouver un jour, plaisantai-je sans conviction.

— Voulez-vous descendre à mon bureau ? intervint Banks Senior. Je crois que vous êtes ici pour finaliser certains détails et non pour vider le bar !

— Père ! s'exclama Peter. J'ai fait patienter Liz, qui attendait devant votre bureau. C'était la moindre des corrections.

— Mes excuses, mademoiselle Reilly. Je sais, par ailleurs, à quel point vous êtes une femme... demandée en ce moment. Pouvons-nous y aller ?

Il sonda son fils du regard, puis moi, avant de sortir le cigare de sa bouche et de claquer sa langue contre son palais. De toute évidence, il s'agissait plus d'un ordre que d'une question. Je lançai un regard à Peter, qui, mal à l'aise, hésitait à nous suivre.

— Peter, vous vous joignez à nous, bien sûr ? demandai-je innocemment. Peter avait oublié notre réunion, expliquai-je à son père.

— J'aurais besoin de vous voir en tête à tête, objecta Banks Senior.

Et, en un seul regard, dur, froid et pénétrant, mon putsch avorta. J'offris un faible sourire désolé à Peter, mais, par principe, je refusai de le laisser de côté.

— Peter, pouvez-vous me raccompagner chez moi après la réunion avec votre père ? Je vous débrieferai sur la route !

— Avec plaisir, Liz. Je vous escorterai où vous désirerez.

Je souris largement en imaginant Peter — Rhett — Banks sur une carriole, m'attendant, le regard pétillant, pour me raccompagner chez moi. En bonne Scarlett, je me devrais de refuser et grimperais alors sur ma fidèle monture pour m'enfuir au galop, en amazone. Plan parfait, sauf que dans cette merveilleuse faille, je ne savais toujours pas monter à cheval.

— Après vous, ma chère, lança le père Banks d'un ton mielleux.

J'acquiesçai, prenant conscience que j'avais dix secondes pour me préparer à un nouvel affrontement. Je descendis l'escalier très lentement, affûtant mes arguments : l'implication de Paul Dexter, les fiançailles... sans oublier hier soir. Bien, j'avais au moins quelques billes pour riposter.

Lui n'avait que l'avenir de notre petite entreprise entre les mains. Fastoche !

Il passa devant moi, m'ouvrant la porte de son antre, avant de contourner son bureau de bois massif et de se laisser tomber dans son fauteuil. Debout devant lui, je sentis de nouveau son regard nauséabond s'attarder sur moi. Il tira un briquet de sa poche et, dans un silence absolu et désagréable, il ralluma son cigare.

— Je vous en prie, asseyez-vous.

Je jetai un œil soupçonneux à la chaise inconfortable face à lui. De mon point de vue, elle ressemblait plus à un instrument de torture psychologique, conçu pour me rabaisser. Même avec tous les arguments du monde, je ne survivrais pas à cet entretien, clouée sur cette chaise.

— Je préfère rester debout, si cela ne vous ennuie pas. De toute façon, nous n'avions que des détails à régler.

— En effet, marmonna-t-il en mâchant son cigare. Peter vous a-t-il transmis la liste des donateurs ?

— La liste des... non, bégayai-je, surprise par le tour de notre conversation. Je la lui demanderai à la fin de notre entretien.

— Parfait. Vous êtes certaine de ne pas vouloir vous asseoir ?

— Sûre et certaine, monsieur Banks.

Il secoua la tête, peu convaincu par mon ton chevrotant. Il se leva lui aussi, s'approcha et se posta à quelques centimètres de moi. Sa haute stature me dominait ; son odeur, un mélange puant de cigare et d'argent, me rendait presque malade ; son regard bovin m'effrayait. Il était en train de préparer son attaque, étudiant un angle acceptable et imparable.

— Je vous ai recommandée auprès de Paul

Dexter, lâcha-t-il. L'adjoint au maire, au cas où son nom ne vous dirait rien.

— Je connais parfaitement M. Dexter ! objectai-je. Il a justement parlé avec mon associée, ce matin. Mais vous devez certainement déjà le savoir !

— Paul est un ami très cher.

— Vous avez le même bookmaker ? ripostai-je un peu trop vivement.

Il s'esclaffa pendant que je me liquéfiais sur place. Cet homme ne connaissait donc aucune limite. Il menait cette ville comme on menait un jeu d'échecs, utilisant ses pions avec stratégie et calcul. Cela aurait pu être louable si ses intentions n'étaient pas si détestables.

— Paul est un homme bien. Par ailleurs, vous devriez savoir qu'il fait partie des membres actifs de notre Église. C'est un des derniers vrais puritains de ce pays.

Je n'aurais su dire s'il y avait de l'admiration ou du sarcasme dans sa dernière remarque. Il retourna s'asseoir, me laissant méditer sur cette dernière information. Encore un homme pour qui l'image prévalait sur tout le reste. Puritain, politicien, prêt à tout pour avoir une image parfaite. Et il m'avait vue au restaurant, en pleine séance de flirt scandaleux avec Jonathan.

— Vous comprenez donc que le spectacle que vous avez offert hier soir, à lui, mais aussi à une partie de la ville — la meilleure partie, si j'ose dire —, l'a... surpris.

— Il s'agissait d'un dîner privé entre deux adultes.

— Il s'agissait d'un rendez-vous galant. Vous vous êtes affichée avec un autre homme, alors que je vous l'avais interdit.

— Il n'y a aucune clause dans notre contrat qui

justifie que vous me dictiez qui je dois voir ou ne pas voir !

— Il y a une clause. Entre vous et moi. Et cette clause est le bonus que vous avez encaissé en début de semaine, assena-t-il en me désignant d'un index furibond. Vous traînez mon image dans la boue, vous vous affichez avec un sombre crétin qui vous tripote sans vergogne, tout en vous pavanant dans les rues de la ville avec mon fils ! hurla-t-il.

Brutalement, sa rage m'effraya. Son corps tendu tremblait presque. Il écrasa furieusement son cigare dans le cendrier et me fusilla du regard. Je tressaillis, mon cœur battant trop vite dans ma poitrine. Le dégoût que cet homme m'inspirait envahit mon corps, et j'en ressentis un pincement dans l'estomac.

— Mademoiselle Reilly, si vous n'étiez pas au courant, sachez que dans cette ville, et encore plus dans cette maison, j'ai tous les pouvoirs.

De nouveau, son regard furieux croisa le mien. Je m'entendis déglutir, espérant apaiser ma gorge sèche au point d'en être douloureuse. J'avais déjà affronté ce type de personnage, arrogant et puissant. Mais Peter Banks était malsain et, de toute évidence, j'avais mal calculé ma marge de manœuvre : de réduite, elle venait de passer à inexistante.

Et ma fierté, qui ne valait déjà plus grand-chose, s'étiola un peu plus.

— Peter Dexter m'a interrogé sur vous et votre... copain, expliqua-t-il avec mépris.

— Vous étiez déjà au courant, rétorquai-je, cinglante. J'ai croisé votre Mata Hari personnelle hier soir, en sortant du restaurant !

— Glenda est extrêmement serviable et obéissante. Un exemple que je vous encourage à suivre dorénavant.

— Et Peter ?

— Quoi, Peter ?

— Votre fils a-t-il son mot à dire dans toute cette histoire ?

— Pas tant que je suis de ce monde.

— Deux Banks ne peuvent donc pas vivre en même temps sur cette planète ?

— Bien sûr que si, ma chère. Peter ne sait tout simplement pas choisir ses combats. C'est un art, vous savez.

Il eut un sourire satisfait et, soudain, je pris conscience qu'il n'avait aucune estime pour Peter. Son fils n'était qu'un faire-valoir, un accessoire joli, mais inutile sur la photo de famille. Je détestais profondément cet homme.

— Dois-je parler à Peter de nos fiançailles ? ironisai-je.

— Il sera le premier à s'en réjouir ! s'amusa-t-il. Maintenant, je vais être clair avec vous. Si jamais j'apprends que vous vous êtes affichée avec un autre homme, fût-il Dieu, Elvis Presley ou le père Noël, je me ferai un plaisir personnel de vous ruiner, vous et votre associée. Jusqu'au dernier centime. Jusqu'au gala, votre vie n'est rien. Votre vie est à moi.

Son ton péremptoire me glaça de la tête aux pieds. J'étais figée dans son bureau, incapable de répliquer, presque vide devant cet épouvantable fumier. Maintenant, je comprenais Peter et le poids de son nom de famille.

— Suis-je clair ?

Son visage rougeaud trahissait son énervement. Il n'avait pas pour habitude de gérer la subversion, si infime soit-elle, et il venait de démontrer qu'il était toujours celui qui décide.

— Parfaitement, monsieur.

— Ne vous avisez pas de jouer à la plus maligne avec moi, mademoiselle Reilly. Vous pouvez disposer.

À mon grand désarroi, mon corps obéit à cet homme dans la seconde et j'ouvris la porte pour quitter son bureau. Un frisson de peur courut le long de mon échine. Banks Senior pouvait ruiner ma vie. Et je ne pensais pas qu'à l'argent...

— Et allez donc vous exhiber en ville avec Peter. C'est un ordre, ajouta-t-il alors que je me tournais furtivement pour lui faire face.

J'acquiesçai, incapable d'articuler le moindre mot. Tremblante et lessivée par cet affrontement, je refermai la porte de son bureau, m'adossai au mur adjacent et me laissai glisser au sol. Ma respiration reprit progressivement un rythme normal et mon corps se remettait de la succession d'uppercuts.

— Dois-je vous escorter vers la sortie, mademoiselle ? fit la voix stridente de Glenda.

Glenda, la cerise sur le gâteau de la famille Banks. Comment Peter avait-il réussi à survivre au milieu de ces sociopathes manipulateurs ? La résilience, je ne voyais que ça ! Ça, l'expérience et un entraînement assidu aux techniques d'autodéfense. Je poussai un profond soupir, refusant d'utiliser Glenda comme punching-ball. Même elle ne méritait pas ça.

— Je ne vous donnerai pas cette satisfaction, répondis-je en me relevant. Peter doit me raccompagner chez moi.

— M. Banks est au troisième étage. Je vais aller le prévenir.

— Je m'en occupe, Glenda, intervins-je en lui saisissant le bras pour l'arrêter. Sincèrement, je crois que vous en avez assez fait.

D'un mouvement vif, elle se libéra de ma prise et

m'adressa ce fameux sourire des Banks. Celui qui veut dire que vous n'êtes rien dans cette maison, tant que vous n'avez pas baisé les pieds du maître des lieux. Glenda fila vers la cuisine, sa silhouette plus hautaine et prétentieuse que jamais. Je grimpai l'escalier qui menait au troisième étage, retrouvant Peter dans son atelier improvisé.

— Terminé ? demanda-t-il en me devinant derrière lui.

— Pour le moment, soufflai-je, exténuée. Votre père m'a indiqué que vous aviez la liste des dons pour la vente aux enchères.

Je me plaçai à ses côtés, observant avec intérêt le tableau qu'il avait entre les mains. La lumière le mettait en valeur, jouant avec les traits de couleur. Le bleu, le rouge, le jaune. C'était spectaculaire, plein de vie et de joie. Un sourire apparut sur mes lèvres, pendant que j'examinais, fascinée, la toile.

— C'est exactement la réaction que j'espère provoquer avec cette œuvre, commenta Peter en désignant mon sourire.

— C'est absolument... prodigieux. Si lumineux et joyeux.

Et si éloigné de l'ambiance délétère de cette maison. Une véritable bouffée d'oxygène dans cet étouffoir.

— C'est une jeune artiste, très prometteuse. Je vais l'exposer à Charleston. Le vernissage est dans deux mois. D'ailleurs, si vous souhaitez l'organiser, c'est avec plaisir que je vous engagerai...

— Vous n'attendez même pas le gala ?

— J'ai toute confiance en vous, Liz.

— Vous essayez encore de me séduire, c'est ça ?

— Ça manquait de subtilité ?

— Un tantinet, oui, dis-je avec un sourire. Cela étant, j'accepte avec plaisir votre proposition.

— Vous n'êtes pas effrayée à l'idée de travailler de nouveau pour un Banks ?

— Je commence à avoir de l'expérience et à comprendre les personnalités de la famille. Rassurez-moi, votre père n'est pas prévu dans l'organisation ?

— Absolument pas, s'esclaffa-t-il. Je cherche à vous séduire, je n'irais pas vous imposer mon père. Comme tue-l'amour, il n'y a guère mieux !

— J'apprécie votre lucidité sur le sujet, Peter.

— Avant de vous raccompagner, j'ai une proposition à vous faire, annonça-t-il, tout en pivotant vers moi.

D'un mouvement souple, il m'enlaça et nous guida hors de son atelier. Sans relâcher son contact, il récupéra un dossier sur le bar, puis, d'un geste de la main, m'indiqua le billard. J'esquissai un sourire, devinant où il voulait en venir.

— Je n'ai que rarement l'occasion de jouer avec quelqu'un.

— Qui vous dit que je joue ?

— D'un côté, je l'espère, pour avoir droit à un combat loyal. Mais si vous me dites que vous ne jouez pas, je ne vais pas faire comme si j'étais déçu. Ça me donnera, au contraire, une occasion unique de vous apprendre mes meilleures techniques.

— Je joue, assenai-je, en repoussant doucement sa main envahissante sur ma taille.

— Dommage pour moi. Quelle sera la mise ?

Je contournai le billard, attrapant le triangle suspendu au mur, puis les billes. Je réfléchis à toute vitesse sur l'objet du pari. Jouer de l'argent ne servait à rien : je n'en avais pas et Peter en avait trop. L'enjeu devait être autre, plus personnel.

— Si vous gagnez, je vous propose de payer les

réparations de votre van, suggéra Peter en sortant une queue du râtelier.

— C'est trop, Peter.

— J'ai dit « si vous gagnez ».

— Je vais gagner, assurai-je. Et c'est trop. Par ailleurs, les réparations seront prises en charge par ce que la préparation du gala nous rapportera.

— L'argent n'est pas un problème pour moi, Liz, déclara Peter en frottant la craie sur le procédé.

— Je sais. Mais vous ne pouvez pas constamment jouer sur les deux tableaux : profiter de l'argent de votre père tout en avouant ouvertement que vous ne voulez pas être assimilé à lui.

Il s'immobilisa, la craie restant suspendue dans les airs, tandis qu'il m'adressait un regard stupéfait. Après un court instant, il posa la craie sur le cadre du billard. Il se racla la gorge et cela me mit terriblement mal à l'aise. Peut-être avais-je été trop loin avec cet homme ?

Ou peut-être que j'agissais comme son père en l'acculant à faire des choix ?

— Oubliez ce que je viens de dire, Peter. C'était déplacé et blessant.

— Non. Non, au contraire. C'était... tout à fait à propos, dit-il en ricanant. Je vous ai déjà offert un cactus, puis des lis. Je suis certain que je peux vous offrir quelque chose qui soit raisonnable à vos yeux.

— Raisonnable ? répétai-je.

— Raisonnable et sous condition, évidemment, que vous gagniez la partie, rappela-t-il sans se départir de son sourire.

— Un grille-pain, lançai-je brutalement.

Peter éclata d'un rire franc et glorieux, son visage s'illumina de joie. Je n'avais pas encore eu l'occasion de le voir si libéré et si naturel avec moi. Il secoua la tête, visiblement incrédule, et se tourna vers moi.

— Vous savez, Liz, je suis vraiment heureux que vous ayez accepté d'aller au gala avec moi. Vous savoir avec un autre aurait été... particulièrement douloureux.

— Peter, l'interrompis-je en reculant.

— Je sais, je sais. Je ne vous toucherai pas, assura-t-il en laissant suffisamment d'espace entre lui et moi. Je sais que notre relation est strictement professionnelle, mais vous ne pourrez pas m'empêcher d'espérer autre chose, après le gala.

Mes pensées bifurquèrent vers Jonathan. Peter pouvait toujours espérer ou tenter de me séduire, quelque chose de brut, de primitif et d'inexplicable me liait au Canadien. Sa décontraction, son sourire et aussi, je devais l'admettre, sa très érotique crème brûlée provoquaient ce délicieux frisson dans tout mon corps.

— Et si vous gagnez ? repris-je pour changer rapidement de sujet.

— Si je gagne, vous me laisserez remonter la fermeture Éclair de votre robe, le soir du gala. Est-ce que cela vous semble... raisonnable ?

— Cela me semble un peu intéressé.

— Ça l'est. Définitivement. Croyez-moi, je vais jouer la partie de ma vie !

— Avouez que vous avez réfléchi à ce plan pendant mon entretien avec votre père.

— Liz, j'ai ce plan en tête depuis l'instant où j'ai vu la fée Clochette sur la terrasse de cette maison.

Je grimaçai, chassant le souvenir désagréable de mon déguisement non hypoallergénique. Si j'avais su que je mettais les pieds dans la maison du vice !

Peter plaça les boules dans le triangle, avant de

le positionner sur le tapis. Il devait s'attendre à ce que je discute des modalités de notre pari, mais j'étais sûre de moi. Me saisissant d'une queue de billard, je lançai un regard provocateur à Peter.

— Je m'en souviens maintenant : vous êtes une femme de défi, dit-il avec un sourire en s'écartant de la table.

— Vous n'avez encore rien vu ! Vous permettez ? demandai-je en désignant le billard devant moi.

— Je vous en prie.

Je retirai le triangle, positionnai impeccablement la boule blanche et me penchai sur la table. L'instant suivant, les boules étaient toutes éparpillées et un sourire victorieux s'affichait sur mes lèvres.

— Je prends les rouges, annonçai-je.

Chapitre 9

— Vous allez bouder pendant longtemps ? demanda Peter alors que nous nous rendions au garage des Banks.

— Tant que vous n'aurez pas admis que vous avez triché !

— Je n'ai pas triché, Liz, s'amusa-t-il.

— Vous m'avez troublée !

— Personnellement, je ne vois pas en quoi c'est un problème !

Il fanfaronnait, le bougre ! J'avais envie de le gifler. Pas pour lui faire du mal, mais juste pour me soulager. Et aussi pour éviter de me coller à moi-même une baffe d'anthologie ! Comment avais-je pu accepter ce ridicule pari ?

— Il me tarde de savourer mon prix, ajouta-t-il en ouvrant la portière de l'Aston Martin.

— Et si ma robe n'a pas de fermeture Éclair ? lançai-je, un peu désespérée, en m'installant sur le siège passager.

— J'attacherai votre soutien-gorge. Je ne suis pas certain que vous vouliez que nous en arrivions là ! Du moins, pas tout de suite !

— Ce que vous avez fait n'est pas fair-play,

Peter ! m'écriai-je alors qu'il contournait le véhicule pour s'installer au volant.

— Vous êtes en colère parce que je vous ai troublée pendant le jeu ou parce que je vous ai troublée… tout court ?

— Ne détournez pas la conversation ! J'étais concentrée et vous avez passé votre temps à me regarder étrangement pendant toute la partie !

— Donc vous êtes en colère parce que vous n'avez pas su résister à mon charme ! Intéressant !

Il mit le contact et sortit du garage pour s'engager dans l'allée gravillonnée. Je fulminais toujours, ravagée par ma bêtise. Décidément, avec les Banks, je prenais toujours des décisions de manière bien trop hâtive. Pourtant, ma relation avec le père aurait dû me préparer à un coup tordu du fils.

— Je vous raccompagne chez vous ? proposa-t-il en attendant que la grille s'ouvre.

— Déposez-moi en ville, j'ai un grille-pain à acheter, raillai-je.

— Liz, si cela peut vous consoler, je suis tout à fait disposé à vous l'offrir.

— Et à renoncer à votre gain ?

— Je ne renonce que très rarement. Et vous concernant, je n'ai pas l'intention de renoncer à quoi que ce soit.

Il me lança une œillade appuyée qui me fit frémir. Il était sérieux ! Je soupirai de nouveau, réfléchissant à une tactique d'évitement. Si le père Banks me tenait, je refusais que le fils imagine qu'il allait en profiter.

— Peter, vous savez que notre relation restera strictement professionnelle. Je n'envisage vraiment pas qu'il puisse se passer quelque chose entre vous et moi.

— Je vous ai vue avec ce type, je sais donc que vous sortez avec quelqu'un. Quelqu'un que je connais, qui plus est !

Je me pétrifiai sur mon siège, redoutant la suite de la conversation. Glenda avait visiblement fait un formidable travail d'information. Techniquement, Peter ne pouvait pas me reprocher d'être avec Jonathan. Il ne semblait pas aussi attaché à son image que son père.

Sauf, évidemment, quand il s'agissait de se balader en ville, en Aston Martin, et avec moi !

— Il a de la chance, commenta-t-il. Une sacrée chance ! Mais cela ne m'empêchera pas de tenter ma chance avec vous !

— C'est très gentil de votre part, Peter. Nous sommes restés discrets, aussi...

— Ne vous inquiétez pas. Je ne vais pas vous faire la morale, sachant que je ne suis pas un modèle d'exemplarité sur le sujet. J'ose espérer qu'il vous traite convenablement !

— Qu'est-ce qui est convenable pour vous, au juste ? m'enquis-je en souriant.

— Oh... le basique : un cactus, des lis... un grille-pain !

J'éclatai de rire, ma colère se dispersant presque instantanément. Il sourit à son tour, me lançant un clin d'œil plein d'humour, avant d'accélérer brutalement. Mon corps fut propulsé contre le siège, tandis que mes cheveux volaient autour de moi.

— Jonathan m'a dit que vous étiez allés à l'école ensemble, fis-je en espérant obtenir une nouvelle information.

— Il vous a parlé de ça ? s'étonna-t-il.

— Très peu. Il m'a dit que vous n'étiez pas amis.

— En effet. Pas le même... cercle d'influence, si

vous voyez ce que je veux dire. Vous a-t-il dit autre chose à mon sujet ?

— Il aurait dû ?

— Surtout pas ! Mais c'est très curieux de constater que nous convoitons la même femme !

— C'est aussi ce qu'il a dit. Apparemment, je ne suis pas votre genre !

Peter ne répondit pas, me lançant un sourire énigmatique, alors que nous parvenions dans le centre-ville. Les regards se tournèrent vers nous, des sourires apparurent, des enfants montrèrent du doigt la voiture. Nous y étions : je suivais à la lettre les ordres du père Banks !

À ma grande surprise, Peter s'arrêta devant un magasin d'électroménager. Avant que je puisse réagir, il descendit de l'Aston et ouvrit ma portière avec un petit sourire.

— Allons voir pour ce grille-pain !

— Peter, ce n'est vraiment pas nécessaire !

— Pas nécessaire ? Quand je trouve enfin un moyen de vous faire penser à moi à chacun de vos réveils ? Permettez-moi d'en douter !

Il tendit sa main, attendant que je l'accepte pour le suivre dans la boutique. De nouveau, les regards autour de nous, mélange de curiosité étrange et d'impolitesse, me mirent mal à l'aise. Pourtant, je calai ma main dans celle de Peter et nous entrâmes dans la petite boutique. À peine avions-nous franchi le seuil que je retirai ma main et retrouvai une distance respectable entre lui et moi.

Peter Banks Senior allait être ravi de ce petit effet !

Un des vendeurs fondit sur nous comme un vautour sur sa proie, nous offrant un sourire mielleux et un regard presque condescendant.

— Nous aimerions voir vos grille-pain, je vous prie, demanda Peter.

— Mais bien sûr, suivez-moi.

Je ravalai le rire tonitruant qui menaçait de s'échapper de ma gorge. Toute cette situation était digne d'un gag : le ridicule du vendeur, les trop bonnes manières de Peter. Ce dernier me lança un regard, sans comprendre le fou rire contenu qui me forçait à me mordre les joues.

— Qu'y a-t-il ? s'enquit-il.

— Rien, Peter. Rien du tout. Tout cela est... charmant !

Il ne creusa pas le sujet, mais me prit par la taille et me guida à travers les méandres du magasin. Bientôt, nous nous retrouvâmes face à une armée de grille-pain, avec un vendeur qui nous les présentait comme s'il s'agissait d'œuvres d'art uniques et précieuses.

— Vous voyez quelque chose qui vous plaît ?

De nouveau, je retins un rire. Pendant que Peter me dévisageait, toujours perturbé par ma réaction, je compris enfin pourquoi il semblait abasourdi.

— Peter, vous n'avez jamais fait de courses, n'est-ce pas ?

— Bien sûr que si !

— Je veux dire, de vraies courses ! Pas aller chez le concessionnaire le plus proche pour agrandir votre collection !

— Ah... oui, en effet. J'avoue que ce n'est pas une activité courante pour moi. Pourquoi ?

— Parce que cela se voit !

Le regard du vendeur passa de Peter à moi, son sourire s'affaissant petit à petit.

— On va regarder, merci, lançai-je pour le congédier.

Il hésita une courte seconde avant d'acquiescer et de tourner les talons. Seule avec Peter, la situation me semblait maintenant moins grotesque. Deux rangées de toasteurs n'attendaient plus qu'on se décide. J'examinai le moins cher, vérifiant les détails techniques.

— Vous allez me vexer si vous prenez celui-ci, dit Peter.

— Je ne le prendrai pas, je veux une éjection automatique !

— Pourquoi pas celui-ci ? proposa-t-il en désignant un appareil bleu électrique.

— Il est... bleu !

— Comme vos yeux !

— Oh ! Peter ! me moquai-je, une main sur le cœur, faussement émue.

— Vous êtes particulièrement rude avec moi, vous le savez ?

— Tout à fait ! C'est une distraction comme une autre. J'adore vous taquiner ! Vous ne m'avez pas répondu, d'ailleurs, lui fis-je remarquer en triturant un nouvel appareil.

— À quel sujet ?

— Votre type de femme ?

— J'aime beaucoup celle qui tripote les grille-pain !

Je lui tapai gentiment le bras, récoltant un « ouch » exagéré, avant d'entendre Peter rire à gorge déployée. Je redirigeai mon attention sur les appareils, lui tournant le dos. Je sentis son regard me vriller la nuque, mais préférai l'ignorer.

— Que vous a-t-il dit au juste ? s'enquit finalement Peter après avoir retrouvé son sérieux.

— Que vous aimiez les blondes, pas forcément intelligentes.

— En effet. Je ne vais pas nier. J'ai toujours eu un faible pour les blondes un peu stupides ! Mais elles sont très vite ennuyeuses et vénales. Je crois que plusieurs d'entre elles ont...

— Plusieurs ? Mais combien de femmes avez-vous fréquentées ? demandai-je en tournant la tête vers lui.

— Beaucoup. Vous êtes l'une de mes premières brunes. Et vous êtes définitivement ma première femme intelligente et non vénale. C'est un peu dérangeant, car ça met à mal toutes mes techniques de drague savamment éprouvées !

— Et comment expliquez-vous ce dramatique changement de mode de vie ? me moquai-je.

— Je pense que cela a à voir avec votre tenue de fée Clochette. Vous étiez blonde avec cette perruque. Ça a dû dérégler mes radars habituels. Maintenant, si j'avais su à cet instant que vous étiez si... pénible, si hermétique à mes talents de séducteur, j'aurais agi autrement.

— Oh ! Et comment ? demandai-je en me saisissant d'un toasteur en inox.

— Je vous aurais parlé art, certainement. J'aurais été moins...

— Arrogant ? conclus-je pour lui.

— Arrogant. Et stupide. Je vous apprécie beaucoup, Liz. D'autant plus quand j'imagine ce moment délicieux où je vais remonter la fermeture Éclair de votre robe. Ça sera un moment... épique, ajouta-t-il dans un murmure qui vibra contre la peau de mon cou.

Il y eut un instant de silence, où je devinai le souffle de Peter juste derrière moi. Son hésitation à me toucher était palpable. J'espérai qu'il ne le fasse pas. Je ne voulais pas provoquer d'esclandre en plein magasin. Ou pire, devoir faire comme si cela ne me posait aucun problème. Je me décalai légèrement, créant un espace entre son corps et le mien, me saisissant finalement du toasteur en inox.

— Celui-ci sera parfait, lançai-je.

— Il n'a pas la couleur de vos yeux ! remarqua-t-il.

— Offrez-moi un saphir et ce problème sera résolu !

— Diable, vous êtes vénale, en fait ! Vous n'êtes avec moi que pour l'argent ! plaisanta-t-il.

Mon sourire s'effaça un peu, mais je parvins à garder un masque impassible. Dire à Peter que son père m'avait payée pour passer du temps avec lui n'allait pas faire avancer les choses. Nous nous dirigeâmes vers la caisse, le vendeur nous précédant pour porter notre précieux achat.

— Désirez-vous autre chose ?

— Oui, un paquet-cadeau. C'est pour offrir, lança Peter.

De nouveau, j'étouffai un rire, observant l'air médusé du vendeur. S'il était capable de vendre n'importe quoi, j'avais de sérieux doutes sur ses compétences en papier cadeau.

— Sans problème, monsieur, dit-il finalement.

Tandis que le vendeur s'occupait de notre achat, Peter et moi errâmes dans le magasin en plaisantant sur son cruel manque de connaissance en électroménager. Il y avait quelques autres clients, et je savais que la nouvelle de notre « évidente complicité » allait se propager comme une traînée de poudre.

— Je crois que je vais acheter une de ces machines à pop-corn. Pour le cinéma à la maison !

— Excellente idée !

— Est-ce que j'ose vous inviter à voir un film avec moi ce soir ?

— Ce n'est pas possible pour moi, Peter. Je dois avancer sur le gala. Peut-être une prochaine fois ?

S'il était déçu, il n'en laissa rien paraître. Apparemment, Peter s'était fait à l'idée que nous ne resterions que de bons amis, partageant une passion commune pour les grille-pain et l'art contemporain. De retour à la caisse, Peter régla nos achats.

— C'est d'un romantique, soufflai-je en me moquant de la situation. Vous avec votre machine à pop-corn, moi avec mon toasteur...

— Vous avez besoin d'autre chose ?

— Ça ira. Pouvez-vous me déposer chez moi ?

— Bien entendu !

Je ne relevai pas le fait que Peter prenait le chemin le plus long pour me raccompagner. Au contraire, cela m'amusait. J'étais stupéfaite par son changement de comportement avec moi. Finalement, notre dispute et l'affaire des lis avaient eu au moins cet avantage : elles m'avaient révélé le visage agréable de Peter. Mais ce n'était pas suffisant pour moi. Il manquait d'aspérités, de mystères, de matière presque. Au-delà de son nom de famille, son masque d'arrogance et sa passion pour la peinture, il était trop poli, trop guindé même, me rappelant ainsi l'homme qui m'avait ruinée.

— Merci encore, Peter, dis-je alors que nous étions sur le seuil de ma porte d'entrée. J'apprécie votre geste.

— Je vous en prie. Êtes-vous libre demain ? Je me rends compte que je ne vous ai pas donné la liste des donateurs !

— Avouez que vous l'avez fait exprès pour avoir un prétexte !

— Vous déjouez tous mes pièges, on dirait.

— Demain matin, avec plaisir. Préparez du café.

Du moins, ne dites pas à Glenda qu'il est pour moi. Dieu seul sait ce qu'elle pourrait y mettre !

— Entendu, fit-il en posant mon toasteur au sol.

Brutalement, il me prit dans ses bras et m'offrit une puissante étreinte. Passé l'effet de surprise, je répondis maladroitement à son geste, lui tapotant le dos avec raideur. Il se recula légèrement, et déposa un baiser furtif sur ma joue.

Je restai un instant interdite, stupéfaite par son élan d'affection.

— J'espère ne pas avoir outrepassé les règles...

— Non. Ça m'a juste surprise, le rassurai-je. Merci encore, Peter, pour le grille-pain et pour le reste. J'ai passé un moment agréable.

Pour faire bonne mesure et pour satisfaire Glenda que j'imaginais tapie dans un buisson, j'embrassai Peter sur la joue, le faisant sourire largement. Il retourna à sa voiture et m'adressa un petit signe de la main avant de démarrer.

C'est à cet instant que je le vis. Sa barbe, sa chemise canadienne, sa mâchoire serrée, son regard sombre. Jonathan s'avança vers moi, sans me quitter des yeux. J'ouvris ma porte et, d'un geste de la tête, l'invitai à entrer.

Mon cœur battait à une vitesse hallucinante dans ma poitrine. Son regard glacial, encore inédit pour moi, me paralysait. Pourtant, je n'avais rien à me reprocher... Sauf peut-être le fait d'accompagner Peter au gala pour de l'argent. Mais ce petit et honteux secret devait rester un secret.

La première phrase qui me vint fut la plus crétine qui soit. Celle qu'on prononce quand on a quelque chose à se reprocher :

— Ce n'est pas du tout ce que tu crois, lançai-je, me protégeant bêtement derrière le carton de mon toasteur.

— Un cadeau ? fit-il, curieux, en désignant mon armure emballée dans du papier bariolé.

— Un grille-pain. Une histoire ridicule au sujet d'un pari que j'ai perdu.

— Tu as perdu un pari et il t'offre de l'électroménager ? s'enquit-il en fronçant les sourcils.

Merde ! Je m'enfonçais en plus. Jonathan semblait en colère, mais prêt à discuter. Autant éviter de lui donner des arguments en lui parlant de cette histoire de fermeture Éclair. Je déposai le toasteur sur la table, prenant une profonde inspiration. Nous n'allions tout de même pas avoir la dispute du siècle pour un malheureux bisou sur la joue, couronné d'un grille-pain !

— Il paraît que vous étiez très... tactiles, en ville !

Dieu, que les rumeurs vont vite dans ce maudit patelin ! Même si nous étions apparus très complices, je ne pouvais pas laisser Jonathan imaginer qu'il se passait quoi que ce soit entre Peter et moi.

— Aussi tactiles que de bons amis peuvent l'être !

— Oh ! Maintenant, vous êtes amis ?

— Peter et moi nous sommes découvert quelques points communs. Ce que tu as vu était un geste d'affection banal et sans aucun rapport avec ce qui se passe entre toi et moi !

— Et que se passe-t-il entre toi et moi ?

— Alors, c'est comme ça ? Tu poses les questions et je me contente de répondre ?

— Si tu n'as rien à te reprocher, je ne vois pas en quoi c'est problématique ! s'énerva-t-il soudainement.

Son regard papillonnait autour de moi, sans jamais se poser réellement. L'agacement était en train de le gagner, mais avec une certaine retenue.

Je le voyais à la façon dont ses poings se serraient convulsivement.

— Que se passe-t-il entre Peter et toi ?

— Je te l'ai dit, m'agaçai-je à mon tour, lassée de me répéter. Nous sommes amis.

— Un ami avec qui tu fais des paris ?

— Nous avons joué au billard, j'ai perdu. Franchement, il n'y a pas de quoi fouetter un chat !

— Je veux savoir ce que tu as perdu au juste.

— Pourquoi ça ?

— Parce que les Banks sont les personnes les plus tordues que je connaisse, cria-t-il soudainement. Parce que... parce que je tiens à toi et que je ne m'attendais pas franchement à te voir avec Peter Banks sur le seuil de ta porte. Liz, j'ai accepté l'idée que tu ailles au gala avec lui. Dis-moi si j'ai eu tort.

— C'était un simple... bisou, bégayai-je. N'as-tu pas d'amies femmes que tu embrasses ? Toute cette histoire est absolument ridicule !

— Ridicule ?

— Tu es tout simplement jaloux !

— Oui, je le suis ! Ça n'a pas l'air comme ça, mais je n'apprécie pas réellement qu'un autre homme touche à ma petite amie.

— Parce que je suis ta petite amie maintenant ?

À bout de souffle tous les deux, nous nous toisâmes. La colère brûlait toujours ardemment dans le regard de Jonathan. Je trouvais la situation ridicule, mais je devais admettre qu'il avait au moins raison sur un point. J'étais effectivement sa petite amie.

— Tu as dit que tu étais d'accord pour une relation clandestine.

— Pas si cela signifie que je dois assister sans rien dire aux tentatives de Peter Banks pour coucher avec toi !

— Alors quoi ? C'est ça, juste le sexe ?

— Évidemment que non, Liz ! Tu es... Tu n'as aucune idée de ce que je ressens, lâcha-t-il finalement.

— Si, tu es en colère. Et tu es jaloux. Et crois-moi, tu es aussi et avant tout incroyablement stupide de penser que je puisse porter un intérêt romantique à Peter Banks.

— Et pourquoi ça ?

— Parce que je ne suis pas comme ça ! m'écriai-je, exaspérée.

— Et le gala ?

— Ce n'est qu'un fichu gala ! Peter Banks me considère au mieux comme un bel accessoire à exhiber. Et j'ai accepté bien avant d'être... ta petite amie, balbutiai-je avec énervement.

— Tu pourrais changer d'avis et lui dire que tu ne veux plus y aller avec lui, suggéra-t-il.

— Et tu pourrais cesser d'être stupidement jaloux ! rétorquai-je. Fais-moi confiance, bon sang !

De nouveau, un silence tendu, à peine troublé par le bruit de nos respirations trop rapides, nous enveloppa. Les yeux de Jonathan n'étaient plus si sombres, mais sa colère ne se dissipait pas. Je secouai la tête, refusant de poursuivre ce dialogue de sourds. S'il n'avait aucune confiance en moi, ce n'était pas réellement mon problème.

Reportant mon attention sur le toasteur, je le déballai, le sortis de son carton et l'installai dans ma cuisine sous le regard stupéfait de mon petit ami.

— Tu n'as pas répondu, lança-t-il d'une voix sourde.

— À quoi ? soupirai-je en revenant à sa hauteur.

— Qu'as-tu perdu ?

— C'est sans importance, éludai-je, ma gorge se serrant douloureusement.

— Si ça l'était vraiment, tu me le dirais. Tu me demandes de te faire confiance. Je peux le faire. Je le fais déjà. C'est Peter Banks qui m'inquiète.

— Je ne suis pas son genre de femme, tu l'as dit toi-même.

— Et tu tentes de changer de sujet. Qu'as-tu perdu ? répéta-t-il.

— Si je te le dis, cette conversation entre toi et moi sera très certainement la dernière.

Jonathan pâlit sous mes yeux, son regard s'écarquillant de stupéfaction et de rage. Mon cœur s'emballa et je m'inquiétai de ce qui allait se passer. Je battis de nouveau en retraite dans la cuisine, attendant une réaction — n'importe laquelle, tant que ce n'était pas le dégoût que j'avais deviné dans ses yeux — de sa part.

Alors que je me lançais dans la préparation de mon dîner en ouvrant une boîte de conserve, je sentis la présence de Jonathan derrière moi. Je fus prise d'un frisson, et ma respiration devint laborieuse à l'instant où, calé dans mon dos, il repoussa mes cheveux de mon épaule et déposa un baiser furtif derrière mon oreille.

— Tu as raison, je suis jaloux, murmura-t-il.

— C'est juste un ami... Et c'est un pari stupide et sans importance.

Il m'enlaça et m'étreignit, mon dos heurtant violemment son torse. J'étais exténuée par notre dispute, peut-être encore plus lessivée qu'après mon entretien avec Banks. Je basculai ma tête légèrement en arrière, les mains de Jonathan se faufilant sous ma blouse pour se caler sur mon ventre.

Je sentis mon corps se détendre lentement, bercée dans les bras de mon petit ami, stimulée par le contact de ses paumes contre ma peau.

— Sincèrement, Jonathan, tu n'as aucune raison de t'inquiéter pour Peter Banks, murmurai-je en me tournant pour lui faire face.

— Au contraire, j'ai toutes les raisons de m'inquiéter.

— N'as-tu donc aucune confiance en moi ? dis-je avec un sourire en me détendant entre ses mains caressantes.

— En toi, si. Lui, c'est autre chose.

Je reculai d'un pas, comprenant enfin le nœud de notre dispute. Ce n'était aucunement une banale forme de jalousie, ni une question de territoire. C'était vraiment une histoire personnelle entre lui et Peter Banks. Je tentai de me remémorer nos conversations, ses allusions à son rival. Mais j'avais encore l'esprit embrumé par notre dispute et par sa rage, encore palpable bien que moindre, ce qui m'empêchait de trouver un lien.

— Comment ça « autre chose » ? répétai-je, entraînée par mon instinct curieux.

— Tu connais très bien mon avis sur les Banks !

— Non, justement.

— Cherches-tu à provoquer une nouvelle dispute ?

— Je n'ai en aucun cas provoqué la première ! ripostai-je avec hargne. Je pensais avoir été claire sur ma personnalité !

— Je sais, ironisa-t-il, tu es un esprit libre !

Il vint vers moi, dans une volonté manifeste de m'attirer contre lui. Je pris conscience qu'il connaissait mon point faible : il savait que je réagissais quand il me touchait. Je reculai de nouveau, mon espace s'amenuisant au fur et à mesure que j'approchais du plan de travail.

— Réponds-moi sur le « autre chose ».

— Réponds-moi sur le pari.

— Il me semblait que ce sujet était clos. Qu'as-tu contre Peter Banks ? L'argent ?

Il s'esclaffa et j'eus l'étrange sensation qu'il se remémorait une vieille blague. Je croisai les bras sur ma poitrine, vexée par sa réaction improbable. Nous sortions à peine de notre première altercation et voilà qu'il me riait au nez.

— Je ne vois pas en quoi c'est si drôle, sifflai-je.

— Ça l'est, je t'assure. Et ta tête maintenant est tout simplement irrésistible !

Son rire s'éteignit progressivement. Je n'avais toujours pas desserré les dents, attendant fermement une explication rationnelle. Il me cachait quelque chose et cette impression soudaine, fruit de mon instinct, se muait peu à peu en certitude absolue.

— C'est une femme alors ? repris-je.

— Tu es persévérante ! Je te l'ai dit, je suis juste jaloux.

— Jonathan, tu m'as aussi dit lors de notre dîner : « Dans cette ville, si on n'est pas avec les Banks, on est contre eux. » Dans quel clan te situes-tu au juste ?

— Dans le tien, murmura-t-il en s'approchant de nouveau de moi.

Je fis un nouveau pas en arrière, le plan de travail heurtant le bas de mon dos. Jonathan me dévisagea, demandant silencieusement la permission de me toucher. Son regard, maintenant libéré de sa colère, me fit vaciller. L'adrénaline se disputait au désir, et mon cœur frappait étrangement dans ma poitrine, comme si lui aussi doutait de la suite de mon histoire avec Jonathan.

Je poussai un long soupir, abandonnant la lutte. J'étais fatiguée et surtout lasse de cette conversation qui ne menait nulle part.

— J'irai quand même au gala avec Peter, tu sais.

— Le contraire m'aurait grandement étonné ! De toute façon, je ne veux pas argumenter avec toi, soupira-t-il, lassé lui aussi.

— Et pourquoi pas ?

— Parce que tu es drôlement plus forte que moi dans ce domaine. Si j'admets ma défaite, est-ce qu'on peut passer à autre chose ?

— Encore ce « autre chose », fis-je remarquer.

— Encore, oui. En fait, j'ai très envie de t'embrasser, juste là, précisa-t-il en posant son index contre mes lèvres.

Il se pencha lentement vers moi, me demandant ainsi la permission et mon absolution. Quand sa bouche effleura la mienne, mon corps, engourdi par la colère et l'incompréhension, sembla sortir de sa torpeur. Jonathan plongea son regard dans le mien avant de capturer de nouveau ma bouche en un baiser plus appuyé. Ses mains se calèrent sur mes hanches, me repoussant contre le plan de travail. Délicieusement coincée entre son corps et le meuble, j'étouffai un gémissement de surprise.

Il m'embrassa de nouveau, sa langue forçant le passage de mes lèvres. Malgré toute ma volonté, mon corps céda et, posant les mains sur sa nuque, je répondis avec douceur à son baiser.

Jonathan avança, se collant fermement contre moi, m'interdisant toute fuite. Ses lèvres bougeaient en cadence contre les miennes, mon cœur battant frénétiquement. La rage se muait en désir, sa colère le rendait exigeant, son excitation était palpable contre ma cuisse. J'agrippai ses cheveux, sa bouche se détachant aussitôt de la mienne. Il souda son front au mien, son souffle court, ses lèvres gonflées.

Notre dispute avait réveillé ce désir, cette énergie

que nous avions dû canaliser la veille. Sauf que ni lui ni moi n'étions prêts à nous retenir. Son regard sombre et ses muscles tendus trahissaient son envie. Quant à mon corps, il était électrisé, vivant, presque incontrôlable, le sang bouillonnant dans mes veines.

— Je crois que c'est encore meilleur qu'un château-d'yquem, murmura-t-il, essoufflé.

— Rien n'est meilleur qu'un yquem, le défiai-je.

Il eut un sourire presque sadique, comme pour relever le gant. Ses mains se resserrèrent sur mes hanches et il me souleva pour m'asseoir sur le plan de travail. Je haussai un sourcil, camouflant ma surprise.

— Retire-moi ça, ordonna-t-il en désignant ma blouse.

Je m'exécutai docilement, et son regard courut sur mon buste ainsi dévoilé. Ma blouse vola dans la pièce et, avant qu'il ne puisse réagir, je saisis la chemise de Jonathan pour l'attirer contre moi. Notre baiser fut heurté, violent, empli de la frustration et du désir de la veille. Je m'attaquai au premier bouton tandis que Jonathan se perdait dans mon cou, embrassant, léchant et mordant ma peau. Sa légère barbe attisait mes sens. Ma respiration haletante devint encore plus tortueuse quand je sentis mon soutien-gorge glisser le long de mon corps.

J'écartai les pans de chemise de Jonathan, découvrant son torse musclé et couvert de cette pilosité toute masculine. Mes paumes glissèrent sur ses pectoraux, sa peau réagissant par un frisson. Je descendis lentement sur son ventre, le dessin furtif de ses abdominaux, avant d'atteindre le bouton de son jean.

Les doigts rugueux de mon petit ami pianotaient

sur mon dos, longeant ma colonne vertébrale, traçant un chemin brûlant jusqu'au bas de mon dos.

— Tu veux vraiment faire ça ici ? murmura-t-il en prenant mes fesses à pleines mains.

— Et pourquoi pas ? haletai-je en me cambrant légèrement.

— Parce que je préférerais t'avoir nue devant moi dans un lit. Parce que je préférerais voir ça, ajouta-t-il en serrant mes fesses entre ses mains.

— Ça devra attendre une prochaine fois, lançai-je en ouvrant le bouton de son jean. Enlève tes chaussures.

— Une prochaine fois ? répéta-t-il.

— Je fais un pari sur tes performances. En fait, tu n'as pas vraiment le droit de me décevoir !

Je glissai la main à l'intérieur de son boxer, devinant Jonathan se tendre subitement. Mes doigts s'enroulèrent autour de son sexe et je fus récompensée par un grognement presque primal. Je le caressai doucement, prenant soin de ne pas lâcher son visage du regard. Jonathan luttait pour garder les yeux ouverts, ses mains se serrant convulsivement sur mes fesses. Sa respiration était erratique, mais je le sentis remuer, comprenant qu'il bataillait pour retirer ses chaussures.

— Ce que tu me fais, gronda-t-il. Continue !

Son ton suppliant me fit sourire. Je m'appliquai à aller et venir sur lui, cassant parfois le rythme et la pression. Je repoussai son jean et son boxer avec mes pieds. Quand il s'en défit, il saisit ma main, la retira de son sexe et en embrassa doucement la paume.

— J'aime vraiment ça, mais, si tu continues, je vais finir par te décevoir.

Il attrapa ma nuque et m'attira de nouveau contre

ses lèvres. Mes seins réagirent instantanément au contact de son torse nu. Ma poitrine écrasée contre la sienne, son entrejambe frottant le mien, un désir flamboyant et violent s'empara de moi. Ses mains repartirent à la découverte de mon corps, s'égarant volontiers sur mon dos, puis mes reins.

Il quitta ma bouche pour la peau de mon cou. De nouveau, le contact de sa barbe m'électrisa. Je basculai la tête en arrière, affamée de ses caresses. Notre dispute avait sûrement attisé ce que je m'étais efforcée de contenir depuis notre rencontre. Ses doigts ouvrirent mon pantalon, descendirent la fermeture Éclair sans jamais me toucher directement. Cette frustration me tira un râle et j'entendis Jonathan ricaner doucement.

— Je ne gère pas très bien la frustration, grognai-je pendant qu'il enlevait mes chaussures.

— Tu me piques mes répliques ? Rassure-toi, je n'ai aucune intention de te laisser dans cet état.

Et, pour prouver sa bonne foi, il saisit mon pied, me faisant basculer en arrière, et planta un baiser sur ma cheville. Il me libéra et fouilla dans la poche de son jean pour, triomphalement, me montrer un préservatif.

— En fait, tu avais tout prévu ? m'enquis-je en souriant largement.

— Avec toi, toujours. Maintenant, enlevons ça !

Il saisit mon pantalon sur mes hanches et tira dessus. Je me tortillai, espérant l'aider et réduire ainsi l'attente. Jonathan s'en débarrassa, le jetant derrière lui, avant de s'attaquer à ma culotte pour lui réserver le même sort. Puis, d'un geste vif, il saisit mes chevilles et me tira violemment en avant, mes fesses atteignant l'arête du meuble. Je parvins à ajuster mon équilibre, mes mains se cramponnant aux épaules de mon petit ami.

Derrière moi, j'entendis un bruit de ferraille qui s'écrasait au sol, ne troublant aucunement notre bulle de sensualité.

— Demain soir, je te veux dans mon lit, dit-il d'un ton impérieux.

— Avant ou après le dîner ? murmurai-je sur ses lèvres.

— Avant *et* après le dîner. D'ailleurs, il n'y aura pas de dîner.

Il passa sur ma bouche son index, que je capturai et suçotai doucement. Le regard de Jonathan s'assombrit encore plus, presque fasciné par le mouvement de mes lèvres. Il retira son doigt et, très lentement, le fit glisser le long de mon menton, puis sur mon cou, avant d'atteindre le sillon de peau entre mes seins. Ma respiration s'emballa de nouveau, mais Jonathan n'était plus dans la frénésie de notre étreinte. Il voulait prendre son temps.

Son index courut sur mon sein droit, traçant des cercles de plus en plus petits autour de mon mamelon, sans jamais le toucher. Je soupirais, gémissais, grondais même de frustration, mais la situation amusait Jonathan. Un léger sourire flottait sur ses lèvres quand il partit à l'assaut de mon autre sein, lui réservant le même traitement.

Après de longues secondes de torture, son index reprit son inspection, longeant mes côtes, puis mon ventre, avant de caresser mon nombril. Et il descendit, encore plus bas, me faisant haleter et remuer.

Il caressa mon entrejambe, libérant ainsi la pression qui flottait désagréablement dans le bas de mon ventre. Puis, soudainement, je le sentis en moi. Je poussai un cri de surprise, mon corps se liquéfiant dans l'instant.

— Allonge-toi, murmura-t-il.

De nouveau, j'obéis à ses ordres, m'étendant aussi confortablement que possible sur le plan de travail. Après plusieurs va-et-vient et alors que l'anticipation et le désir me consumaient, Jonathan retira son index et le porta à ses lèvres.

Je me redressai péniblement, presque à bout de forces, à la fois épuisée par la frustration et laminée par le désir lancinant. Je retrouvai la bouche de mon petit ami, ma saveur sur ses lèvres. Je crochetai mes chevilles autour de sa taille, lui faisant clairement comprendre ce que je voulais. Je voulais le sentir. Maintenant. Brutalement même, s'il le souhaitait.

Ses doigts titillèrent la pointe érigée de mes seins, ses gémissements faisaient écho aux miens. Je quittai sa bouche, récupérai le préservatif et l'ouvris d'un geste vif. Je le déroulai sur son membre, remarquant que son envie était toujours aussi présente. Je calai mon bassin contre le sien, de nouveau sur le bord du plan de travail, et, enfin, je le sentis.

Très lentement, Jonathan prenait possession de moi. Il s'enfonçait prudemment, une de ses mains se posant en bas de mon dos pour me cambrer. Offerte à lui sur ce plan de travail, je résistai à l'envie de bouger et d'aller à sa rencontre. Pourtant, quand finalement je le sentis aller et venir en moi, je cédai et m'accrochai à sa nuque.

Calant les mains sous mes cuisses, il me porta et me plaqua contre le mur, son sexe coulissant parfaitement dans le mien. J'enfonçai mes ongles dans ses épaules, le griffant presque. Le désir pulsait de plus en plus vite, provoquant une chaude et agréable douleur dans mon bas-ventre. Le dos contre le mur, je remuai des hanches, allant à la rencontre des mouvements de Jonathan.

Il siffla en devinant le but de mon geste, mais ne me retint pas. Ses traits crispés, ses gestes saccadés et ses mains fermement plantées dans ma chair m'indiquaient qu'il était au bord de l'explosion.

C'était fort, rapide, intense. D'une violence et d'une rage que je n'avais que trop rarement expérimentées. Mon souffle devint inexistant et mon cœur frappait dans ma cage thoracique à m'en faire mal.

— Avec moi, m'ordonna-t-il.

Je basculai la tête en arrière, une première vague me happant, presque par surprise. Je poussai un grondement inédit, mélange de gémissement et du prénom de Jonathan. Puis une seconde vague fulgurante de plaisir me percuta, aussi délicieusement violente. Je clignai des yeux, éblouie. Jonathan se tendit, ses mains se crispèrent autour de mes cuisses, et il rugit mon prénom, se laissant emporter dans son orgasme.

J'étais à bout de souffle et mon corps ne répondait plus. Je ne ressentais plus rien, j'étais molle, vide, ravagée. Je sentis à peine Jonathan m'embrasser furtivement sur les lèvres, avant de me porter jusqu'à mon canapé.

Je fermai les yeux, me calant contre son corps, me laissant aller. Quand, enfin, les sensations revinrent dans mes membres, je rouvris péniblement les yeux pour les refermer aussitôt. Les mains de Jonathan couraient sur mon corps et sa bouche taquinait un de mes seins.

— Encore ? murmurai-je.

Et, dans l'instant qui suivit, il me bascula sur le côté et couvrit mon corps du sien. Mon secret au sujet du gala des Banks était préservé.

Chapitre 10

Il y avait toute une liste de choses que je ne supportais pas au réveil, en vrac : les discussions inutiles, la privation de caféine, le bruit de la tondeuse du voisin, le jus de fruits à température ambiante, le manque d'eau chaude, les personnes d'excellente humeur, le soleil trop lumineux et surtout les mauvaises surprises.

Ce matin ne faisait pas exception à la règle. Mais la poisse qui avait touché mon équipement électroménager la semaine dernière semblait désormais me cibler personnellement, m'offrant un défilé déplaisant et répétitif de mes ennemis matinaux.

Je me réveillai mal à l'aise et courbatue, enchevêtrée dans le plaid qui couvrait habituellement mon canapé. Après avoir cligné des yeux plusieurs fois, aveuglée par la clarté du soleil envahissant mon salon, je me redressai en grimaçant. J'étais entièrement nue, les muscles douloureusement crispés par une nuit inconfortable.

— Jonathan ? appelai-je d'une voix enrouée.

Je passai une main sur mon visage, les souvenirs de la veille me revenant progressivement. Notre dispute, son baiser et comment nous avions fini nus l'un contre l'autre à faire l'amour sur mon canapé. Inconfortable, mais tout à fait satisfaisant, songeai-je. À tout point de vue !

J'enroulai le plaid autour de moi, cherchant du regard mes vêtements. Ma blouse de soie recouvrait la télévision, mon jean gisait au sol. Je poussai un nouveau soupir, presque défaite, en constatant que ni la chemise à carreaux du Canadien ni son jean crasseux n'étaient visibles. Super !

Je quittai le canapé et gagnai la cuisine. Un rire s'échappa de ma gorge en voyant le grille-pain au sol, victime manifeste de notre élan de passion rageuse. Avec ironie, je notai qu'il n'y avait plus aucune trace de Peter Banks dans ma cuisine et que Jonathan avait œuvré pour créer d'autres souvenirs nettement moins fragiles.

Ses mains rugueuses, sa barbe naissante, ses lèvres partout sur moi... Je ne regarderais plus cette cuisine de la même façon, en particulier ce plan de travail ! Et je n'aurais définitivement pas été contre un second round, ici même, maintenant. Je fronçai les sourcils, regrettant que Jonathan ait fui au petit matin. Je n'avais pas perdu de vue le fait qu'il n'avait pas répondu à mes questions au sujet des Banks et j'avais espéré qu'au matin, une fois rassasié de sexe, de café et autre douche coquine, Jonathan s'ouvre à moi. Même si confier son secret au sujet des Banks m'aurait sûrement forcée à avouer le mien.

Maintenant, je me sentais idiote, non seulement d'avoir cédé, trahie par mon corps trop réceptif, mais aussi de l'avoir laissé lâchement décamper de chez moi.

C'est en récupérant mon soutien-gorge, posé

délicatement sur la minuscule table de la cuisine, que je trouvai son mot :

Liz,
J'ai dû partir pour un rendez-vous de ma mère avec l'oncologue. Aurais aimé rester avec toi. Tu es délicieuse quand tu ronfles. Ce soir, 20 heures. Dans mon lit.

— Je ne ronfle absolument pas ! m'écriai-je, estomaquée par sa remarque. Maudit bûcheron canadien.

Je soupirai, remontant le plaid contre moi. Au moins, il y avait un début d'explication, avec sa mère malade. Faute de jouer à l'amant exemplaire — où étaient donc mon café au lit, ma rose coupée et la promesse d'une matinée débridée de sexe ? —, il était au moins un fils exemplaire pour sa mère. Cet homme ne pouvait foncièrement pas être mauvais, pas avec ce sens du dévouement.

Sens du dévouement qui ne s'appliquait apparemment pas au savoir-vivre : le Canadien m'avait à peine laissé quelques millilitres de jus d'orange au réfrigérateur. Un coup d'œil à l'évier me confirma qu'il avait, en plus, bu directement à la bouteille. Je me résignai à me servir un jus de fruits non frais, absolument ignoble.

On frappa à la porte et, après avoir vérifié dans l'œilleton, j'ouvris à Joan. Éblouissante, le teint reposé et un dossier sous le bras, elle avait revêtu sa combinaison de guerrière du yoga : une espèce de pantalon informe bleu, surmonté d'un haut à bretelles. Elle m'offrit un sourire lumineux et entra chez moi en chantonnant.

— Tu sais que tu ne devrais pas ouvrir ta porte

dans cette tenue ? fit-elle remarquer en désignant mon plaid.

— Quelle sorte de potion magique avales-tu au réveil pour être si énergique ?

— Aucune, je t'assure. Est-ce que j'interromps quelque chose ? demanda-t-elle en s'appuyant sur le plan de travail.

— J'aimerais bien, ronchonnai-je en retournant dans la cuisine. Jonathan est parti avant que je ne sois réveillée.

— Il a passé la nuit ici ?

— Oui.

— Dieu du ciel ! Pourquoi ta culotte est-elle accrochée à la tringle de ton rideau ?

— Pour faire joli ? suggérai-je sans contenir mon sourire. Pourquoi es-tu venue au juste ?

— J'ai planifié ta journée. Et ne râle pas, me prévint-elle en voyant que je grimaçais. Je nous prépare pour le gala des Banks.

— En tenue de yoga ?

— J'en ai une pour toi dans la voiture. Apprendre le salut du soleil ne te fera pas de mal. Il te faut un exutoire à tout ce stress !

— Ai-je l'air stressée ? demandai-je en arquant un sourcil.

— Tu as l'air extatique, répondit-elle avec franchise. Le sexe, sûrement. Mais je n'ai pas la prétention de te donner les mêmes « soins » que Jonathan. Donc, tu viens au yoga. Ensuite, j'ai prévu qu'on te trouve une robe.

Je frémis en repensant à mon pari perdu. Connaissant Peter, je n'aurais aucun moyen d'y échapper. Ce simple détail fit remonter ma nervosité en flèche. Même en prenant le problème dans tous les sens, j'étais prise au piège du père de Peter. Joan me regardait, pétillante et heureuse, attendant ma réponse.

— Bien, d'accord, soupirai-je, vaincue. Tu me laisses dix minutes pour prendre une douche ?

— Sans problème. En revanche, je restreins ton accès à toute forme de caféine à partir de maintenant.

— Garce ! m'écriai-je en riant largement.

Sous la douche, j'eus un pressentiment terrible au sujet du gala. Quelque chose me hantait, quelque chose qui me sortit aussitôt de l'esprit, comme ces mots qui vous échappent parfois alors que vous les avez sur le bout de la langue.

Dans la voiture avec Joan, cette impression désagréable ne me quitta pas. Joan tenta de m'aider, épluchant avec moi tous les sujets liés au gala.

— Ça doit être le rendez-vous avec le décorateur, cet après-midi. Ne t'en fais pas, tout ira bien, me rassura-t-elle.

— Chez les Banks ? demandai-je un peu stupidement.

— Évidemment ! Il s'agit de boucler quelques détails, rien de méchant. Par ailleurs, je compte bien soutirer la lettre de recommandation à Banks dès aujourd'hui.

Je tressaillis, refusant d'envisager une seule seconde de laisser Joan en tête à tête avec ce vieux vicieux. Au mieux, il la mangerait tout cru ; au pire, il lui dévoilerait les détails de notre détestable arrangement.

— Joan, laisse-moi gérer ça. J'ai fait toutes les réunions avec Peter Banks, je sais comment m'y prendre avec lui ! Tu devrais te garer ici, le cours va commencer dans cinq minutes, ajoutai-je pour changer définitivement de sujet.

Après quinze minutes de cours, je n'avais nullement la sensation d'être détendue, encore moins d'être relaxée. Au contraire, je fusillais du regard le professeur — grand, brun et, de façon très cliché, ridiculement gay — et maudissais Joan de m'avoir entraînée là.

— Mesdames, la position du cobra. Allongez-vous sur le ventre, inspirez profondément, et on décolle les épaules et le ventre.

— Pense à respirer, me lança Joan en constatant que je souffrais le martyre.

— Je ne fais que ça !

— Et détends-toi, tu n'arriveras à rien avec ces crispations !

— On décolle aussi le ventre, mademoiselle, me tança le tortionnaire en appuyant sur le bas de mon dos pour me cambrer. Inspirez !

Je pris une profonde inspiration, avant de sentir une crampe se propager dans mon avant-bras. Je m'effondrai lourdement avant de gémir. À ma gauche, Joan réalisait superbement l'exercice, révélant sa souplesse étonnante en relevant complètement le buste.

— Parfait, mesdames. Nouvelle position ! déclara le professeur en frappant dans ses mains avec enthousiasme.

— Je veux un café ! murmurai-je à l'intention de Joan.

— Pense à autre chose. Tiens, si tu me parlais de ta nuit avec le Canadien !

Je me plaçai en équilibre sur une jambe, l'autre repliée en arrière. Pour une raison curieuse, cette position me semblait plus simple à tenir. Je remontai mon pied le plus haut possible, prenant une profonde inspiration.

— On s'est disputés, dis-je finalement.

— Vous avez des disputes drôlement sympas, s'esclaffa-t-elle en étirant les bras vers le plafond.

— C'était au sujet de Peter Banks, articulai-je, en réprimant une vague douleur dans la fesse. Il est jaloux.

— Tu ne peux pas lui donner tort là-dessus !

— Certes, mais je ne peux pas non plus décommander Peter Banks.

— Tu pourrais ; il n'aurait aucun mal à trouver une autre femme avec qui se pavaner toute la soirée.

Certes. Mais il aurait aussi fallu que je rende le chèque à son père et que j'explique à Joan d'où venait ce miraculeux et inattendu bonus. Je reposai mon pied au sol, grimaçant de nouveau. Je jetai un coup d'œil à mon amie, constatant son extrême concentration et sa souplesse. Elle m'épatait.

— Tu sais, reprit-elle, tout le monde ici a une histoire avec les Banks. Ils sont riches, ils sont hautains. Tu devines aisément ce que cela provoque en termes de jalousie et d'envie.

— Jonathan m'a dit que ce n'était pas une question d'argent.

Je repensai furtivement à son rire amer, à sa dénégation. J'avais la conviction qu'il ne me mentait pas à ce sujet.

— On prend la pose du papillon pour finir, mesdames. On se détend un maximum, nous conseilla le professeur. Asseyez-vous en tailleur, on gonfle les poumons et on se libère de son stress !

— Et qu'en pense Peter ? demanda Joan en s'installant au sol.

— Je ne crois pas qu'il ait renoncé à me séduire, dis-je en évitant le sujet du pari.

— Le contraire eût été étonnant ! Méfie-toi de lui, il est prêt à tout pour arriver à ses fins. Tu n'as pas idée du nombre d'affaires étranges qui ont été étouffées par Peter Banks Senior. Il y a sûrement eu quelque chose entre Jonathan et les Banks ! lâcha-t-elle en se penchant dangereusement en avant.

Je passai en accéléré toutes les informations que j'avais sur les Banks : les femmes, les voitures, le bookmaker, la galerie d'art, l'anniversaire princier de Cassie. Jonathan était professeur de littérature, à des années-lumière de cet environnement huppé et prétentieux.

— Une femme ? suggérai-je, peu convaincue par mon idée.

— Pourquoi pas ?

Même si l'idée me semblait saugrenue, j'acquiesçai. J'avais du mal à croire que Jonathan ait pu me cacher une ancienne relation. Au contraire, il aurait pu ainsi justifier facilement son comportement. Comportement que j'aurais alors compris et qui aurait mis un terme à notre étrange conversation.

— Et si le problème venait plutôt de Peter ? dis-je. Tu l'as dit toi-même, tout le monde a une histoire avec les Banks.

— Liz, je pense que tu exagères. Tu m'as dit que Jonathan était jaloux. C'est un comportement plutôt normal et flatteur pour une femme. Et en plus, il l'avoue ! Tu cherches la petite bête parce qu'il a réussi à percer ton armure !

— Mais pas du tout ! m'offusquai-je.

— Tu es sur la défensive dès qu'il s'agit des hommes. Tu es échaudée et tu cherches un détail qui te permettra de te détacher de lui en gardant la tête haute ! Tu sors avec un type, tu t'affiches avec un autre. Sincèrement, tu ne t'y prendrais pas autrement pour saboter votre histoire.

— Eh bien, merci pour ta franchise, ironisai-je en me redressant. Je vais aller prendre une douche pour me remettre de ma psychanalyse !

— Tu sais que j'ai raison, Liz ! cria-t-elle derrière moi.

Si douloureux que cela soit, je devais admettre qu'effectivement, Joan ne se trompait pas. Depuis Boston, depuis la bouteille de château-d'yquem, je repoussais systématiquement ce qui ressemblait de près ou de loin à un homme. D'ailleurs, en y repensant, la première fois que Jonathan m'avait abordée, j'avais été catégorique.

Il m'avait mise au pied du mur, il m'avait invitée à dîner, il acceptait notre étrange relation clandestine et, surtout, il m'avait offert une nuit époustouflante sur mon canapé. Je devais lui donner sa chance.

Après ce cours de yoga qui m'avait fait beaucoup plus de mal que de bien, Joan m'entraîna vers les boutiques de Kennedy Avenue. Plusieurs essayages plus tard, nous tombâmes d'accord sur une robe rouge vif — couleur que je ne manquerais pas de mentionner à Jonathan — qui disposait d'une longue fente aguicheuse le long de la jambe droite.

— Tu garderas toute ta liberté de mouvement, déclara Joan en me contemplant. Idéal pour massacrer l'entrejambe d'un Peter Banks trop entreprenant.

— Peter n'est pas si... mauvais que tu le penses ! protestai-je.

— Tu l'as toujours vu en tête à tête, je crains juste qu'il ne finisse par te piéger.

— Et c'est moi qui cherche la petite bête ? me moquai-je en repoussant le souvenir du pari.

— Je serai contente quand ce gala sera terminé. J'ai un mauvais pressentiment, murmura-t-elle.

Elle m'offrit un faible sourire, à peine rassurant. Joan avait toujours cette tendance à voir le verre à moitié vide. Elle était raisonnable là où j'étais volontiers plus légère ; réfléchie là où j'étais impulsive. Et pour une fois, je ne pouvais qu'être d'accord avec elle : j'avais, moi aussi, un mauvais et terrifiant pressentiment au sujet du gala.

— Donc, on va positionner l'estrade ici, reprit le décorateur en désignant un carré d'herbe offrant une vue imprenable sur la demeure des Banks.

— Parfait, dis-je. Joan, as-tu quelque chose à ajouter ?

— Ça me semble bien. Pensez aux éclairages, on ne sait jamais, si la vente s'éternise jusqu'à la tombée de la nuit.

Le décorateur acquiesça, puis prit congé. Avec Joan, je relus les détails de dernière minute, révisant avec elle la position des tables et les morceaux que devait jouer l'orchestre. Nous restions dans du classique, sans éclat. Peter Banks n'avait pas voulu changer une recette déjà bien éprouvée, surtout avec des invités extrêmement attachés aux valeurs traditionnelles.

— Ce truc va être un repaire de politiciens, lançai-je en parcourant rapidement la liste des invités.

— Banks veut le poste de gouverneur d'ici deux ans, m'informa Joan. C'est dès à présent qu'il faut entretenir certaines amitiés.

— Je comprends mieux maintenant pourquoi il a accepté notre idée de vente de charité. Quoi de mieux que de paraître généreux aux yeux des électeurs ?

Je jetai un coup d'œil à ma montre. Il était déjà tard et je devais dîner avec Jonathan. Il fallait encore trouver Peter pour qu'il me fournisse la liste des dons et que je la hiérarchise. Nous rejoignîmes la terrasse, où Glenda nous avait servi des rafraîchissements à la demande de Peter. Ce dernier nous surprit, arrivant derrière nous alors que nous discutions du budget.

— La liste des dons, lança-t-il en me tendant un dossier jaune. Les noms, les prénoms, les fonctions et les quelques babioles à vendre.

— Une semaine en voilier, c'est ce que vous appelez une babiole ?

— Pour des gens comme nous, oui ! Êtes-vous intéressée par ce lot ? s'enquit-il en s'asseyant près de moi.

— Je ne monte plus sur un bateau depuis que j'ai vu *Titanic* !

— Alors peut-être le séjour à New York ?

Joan se racla la gorge et me lança un regard. Je savais ce que Peter était en train de faire. Et il était évidemment hors de question que cette vente aux enchères se transforme en danse de la séduction. Même pour la bonne cause !

— Peter, je ne suis pas intéressée par tout ça : ni le bateau, ni New York, ni même cette broche Tiffany.

— J'aurais dû m'en douter... Depuis l'histoire du grille-pain !

— Quelle histoire du grille-pain ? nous interrompit Joan.

— Je t'expliquerai, éludai-je aussitôt.

Je me levai de table, signifiant ainsi à Peter non

seulement la fin de notre conversation, mais aussi mon départ. Le sentiment de malaise, qui m'avait saisie depuis l'essayage de la robe et les remarques de Joan, persistait et s'amplifiait. Glenda nous avait accueillies ici avec un sourire mauvais, Banks Senior n'avait pas daigné sortir de son bureau et Peter avait ce regard désarmant, à mi-chemin entre l'arrogance et la complicité exagérée.

— Je vous vois demain, Peter. Je serai ici pour 15 heures, Joan nous rejoindra à 17 heures pour finaliser. Cela vous convient ?

— C'est parfait. Et n'oubliez pas que la chambre des invités vous est réservée.

De nouveau, il eut un sourire étrange. Il se régalait déjà de me savoir ici. Je tentai de préserver un masque impassible, lui souriant poliment.

— Je suis certain que votre robe sera époustouflante !

Joan me jeta encore un regard perdu. Évidemment, elle ne comprenait pas l'allusion, et encore moins que je ne réagisse pas. Je plantai mes yeux dans ceux de Peter, espérant qu'il puisse lire les pensées assassines que j'avais envers lui. Si cette histoire de fermeture Éclair ne m'avait pas dérangée outre mesure la veille, après ma nuit avec Jonathan, cela me semblait vraiment inapproprié. Avec ce gage, Peter avait maintenant une forme de contrôle sur moi, *a priori* inoffensif, mais en fait potentiellement dangereux.

— Si nous y allions, Liz ? Nous sommes attendues, dit mon amie.

Joan passa son bras autour du mien et me guida vers la porte. Je devinai les pas de Peter derrière moi et accélérai afin de gagner la sortie au plus vite. Je le saluai d'un geste de la main et m'engouffrai dans la voiture de Joan. Peter nous imita : glissant ses lunettes d'aviateur sur son nez, il grimpa dans sa Porsche et démarra. Descendant la vitre, il se pencha vers nous.

— Au plaisir de vous revoir, mesdames. Liz, je ne saurais vous dire comme j'attends avec hâte la soirée de demain.

— Moi aussi, Peter, marmonnai-je. Moi aussi.

Avec un dernier sourire arrogant, il fit tourner sa voiture et disparut dans un nuage de poussière.

— Quel sale con arrogant ! pesta Joan. Et tu disais « il n'est pas si mauvais » ?

— Je ne sais plus quoi penser, soufflai-je, exténuée par cet échange détestable.

Joan démarra et gagna la route qui longeait le domaine des Banks. Je retournai mes pensées dans tous les sens, cherchant une explication au comportement étrange de Peter. Comment faisait-il pour être si abordable un jour et si détestable le lendemain ? Le trajet fut silencieux. Joan me jeta plusieurs coups d'œil, faisant mine de vouloir prendre la parole, mais elle se reprit systématiquement. Je lui étais reconnaissante de ne pas en rajouter.

À l'instant où j'avais franchi le seuil de la maison de Jonathan, je sus que j'avais pris la bonne décision. Joan m'avait déposée devant sa porte, me suggérant toutefois de rentrer tôt chez moi, pour être au mieux de ma forme le lendemain. À vrai dire, je n'avais pas envie de rester seule et de ruminer le paradoxe qu'était Peter Banks. Le chaud, le froid, son arrogance, sa désarmante gentillesse : tout cela me laissait perplexe et je ne parvenais pas à trouver une solution convenable à ce mystère.

Hormis peut-être l'idée grand-guignolesque d'un jumeau diabolique qui s'amusait à me rendre chèvre.

Mais toutes mes pensées au sujet du gala, de Peter Banks et de son vicieux de père disparurent à la vue du sourire de Jonathan. Sourire d'autant plus large qu'il m'avait, à mon arrivée, coincée contre un mur et que ses mains s'étaient longuement promenées sur mon corps.

Quelques instants plus tard, plongée dans un bain voluptueux, je soufflais sur un amas de mousse niché dans le creux de ma main.

— Et c'est le traitement que tu réserves à toutes tes conquêtes ? plaisantai-je.

— Comment as-tu deviné ? répondit-il en riant.

— Quelque chose me dit que je ne suis pas la première !

— Liz, tu ne peux pas demander une performance comme celle d'hier dans ta cuisine, puis espérer que j'aie vécu comme un moine en t'attendant.

Il passa l'éponge gorgée d'eau chaude sur mes épaules, mes muscles frémissant de plaisir. C'est Jonathan qui avait eu la délicieuse idée de me faire couler un bain. Puis il avait lascivement suggéré de le partager avec moi, et enfin, cerise sur le gâteau, je buvais un château-d'yquem. M'aurait-il demandé une canonisation express que je la lui aurais octroyée dans la seconde !

Je pris une gorgée de mon verre et m'appuyai un peu plus contre son torse. La baignoire n'était pas vraiment adaptée pour nous deux, mais je n'avais pas pu refuser sa proposition. Il embrassa ma nuque, dégageant doucement ma longue chevelure humide, et picora la peau sensible de mon cou.

— Et combien de femmes y a-t-il eues au juste ? m'enquis-je sur le ton de la plaisanterie.

— Beaucoup plus que tu ne l'imagines, s'esclaffa-t-il.

Ses doigts naviguèrent sur mes côtes, l'alliance de l'eau chaude, du vin et de son toucher me faisant littéralement fondre. Je basculai la tête contre son épaule, devinant du coin de l'œil son sourire satisfait.

— J'aurais aimé que tu aies été là ce matin, murmurai-je.

— J'aurais aimé aussi, crois-moi. Mais c'est un rendez-vous calé depuis des semaines et... c'est ma mère.

— Comment va-t-elle ?

— Les infirmières prennent très bien soin d'elle. Si tout se passe bien, son protocole de chimiothérapie sera terminé d'ici quelques semaines.

— Et ensuite ?

— Et ensuite, nous verrons si nous devons lancer un nouveau protocole ou non. Elle est très forte moralement, je sais qu'elle va s'en sortir.

— Tu es seul pour t'occuper d'elle ?

— C'est ma seule famille, oui. Mon père a pris la poudre d'escampette dès qu'il a su qu'elle était enceinte. Elle m'a élevé seule et a fait en sorte que je parte avec les meilleures cartes possible.

— La vente aux enchères du gala est au profit de la lutte contre le cancer, lançai-je.

Les mains de Jonathan cessèrent de m'explorer et je sentis une tension subite envahir son corps. Je pivotai difficilement pour scruter son visage et il m'offrit un sourire forcé.

— Joan m'a fait acheter une robe rouge vif.

— Je vais faire comme si l'idée que tu te pavanes

avec Peter Banks dans une robe rouge ne me fait rien du tout.

— Toujours jaloux ?

— Jaloux, inquiet, possessif, prêt à en découdre... La liste est potentiellement infinie, dit-il en souriant.

— Prêt à en découdre ?

— Je ne me suis jamais battu pour une femme, mais les choses pourraient évoluer si tu es en jeu.

— Je ne suis aucunement en jeu. Même si je vais au gala avec Peter, il est tout à fait au courant de la nature de notre relation. Par ailleurs, il a été odieux avec moi cet après-midi, je n'ai pas très envie d'être si gentille que ça avec lui.

Je plaquai un baiser furtif sur les lèvres de Jonathan et repris ma position initiale, confortablement calée entre ses bras, entourée par de la mousse. Mes doigts commençaient à friper, mais je n'avais aucune envie de quitter cet endroit.

— Ce vin est absolument parfait.

— Un vin parfait pour une femme... pas tout à fait parfaite, conclut-il en riant.

— Pas tout à fait, non. En revanche, tu as dû te ruiner, cette bouteille est classée et vaut une fortune.

— Qu'est-ce que ça veut dire au juste ? lança-t-il, rieur, en faisant glisser les mains sur mon ventre.

— Eh bien, que cette bouteille vaut aussi cher que ma potentielle et très fantasmée nouvelle chaudière.

De nouveau, je sentis cette tension étrange le gagner. Ses mains quittèrent mon corps et un silence curieux s'abattit dans la petite salle de bains. De toute évidence, l'argent était un sujet sensible.

— J'ai de l'argent, avoua-t-il finalement.

— Comment ça, « tu as de l'argent » ?

— Appelle ça comme tu veux, un pécule ou...

un bas de laine. Même si le terme qui conviendrait peut-être le mieux serait « héritage ».

— Mais tu es prof ! objectai-je stupidement. Pardon, ce n'est pas ce que je voulais dire, m'excusai-je aussitôt. Je veux dire, tu es censé être... normal !

— Je suis prof parce que j'aime enseigner. Cet argent est à ma disposition. Je ne souhaitais pas m'en servir, mais j'avais envie de te faire plaisir.

— Et tu as cru que me faire boire une bouteille de ce... calibre dans un bain allait me faire oublier qu'elle valait trois mois de loyer ? Pourquoi m'avoues-tu ça comme s'il s'agissait d'un secret honteux ?

— Liz, tu es en lien avec les Banks, tu as brassé pas mal d'argent dans ton ancienne vie. Que voulais-tu que je fasse ? Que je lance une pluie de billets au-dessus de chez toi ?

— Et pourquoi pas ? m'amusai-je. J'ai des frais en ce moment !

— Tu ne m'aurais pas pris au sérieux. Je l'ai su à l'instant où je t'ai croisée au supermarché. Je ne suis pas Peter Banks, exhibant une liasse de billets pour te séduire !

— Il n'a pas fait ça, le défendis-je en souriant.

— Il ne t'a pas parlé de sa galerie à Charleston ?

— Comment sais-tu qu'il a cette galerie ?

— Je le sais, c'est tout. Et pour être clair sur le sujet, je me fiche de cet argent. Sauf si tu veux qu'on investisse dans une cave à vin que nous engloutirons dans des bains moussants, avant de faire l'amour dans mon lit...

— Dieu que c'est tentant, le taquinai-je. Je sors avec un type qui soigne Ted, me fait l'amour dans ma cuisine, finis mon jus d'orange frais et qui, en plus, a de l'argent !

Il s'esclaffa et je me réinstallai de nouveau,

estomaquée par son aveu. Jonathan, mon bûcheron canadien un peu crasseux, le professeur de littérature de Mia, l'homme qui osait me donner des instructions vestimentaires, avait de l'argent !

— Je n'ai pas fini ton jus d'orange, reprit-il, hilare.

— Tu as laissé trois gouttes, ce qui est encore pire que de vider la bouteille tout entière ! Au sujet de l'argent, tu as parlé d'héritage et je me demandais s'il s'agissait de quelqu'un de proche ?

— C'est mon père. Celui qui a fui. Techniquement, il est encore de ce monde, mais il cherche à déculpabiliser et à faire en sorte que je ne vienne pas chambouler sa vie. C'est sûr que ça ferait mauvais effet !

— Tu ne le vois pas du tout alors ?

— Si, de loin en loin, mais le sujet n'est jamais abordé. De toute façon, je ne fais pas partie de son monde et je ne le souhaite vraiment pas. J'ai du mal à considérer cet homme comme mon père. J'ai même du mal à concevoir que ma mère ait... enfin... tu vois !

— Je vois, répondis-je en souriant. Ton père t'a laissé de l'argent, le mien a laissé un paquet de dettes à ma mère.

— Je suis certain que n'importe quel psy y verrait l'explication de ton comportement envers les hommes !

— Peut-être, dis-je en riant de bon cœur. Quelle est ta justification freudienne pour ta séance de drague au supermarché ?

— La sauvegarde de l'humanité. Je ne pouvais décemment pas te laisser dans l'ignorance du caractère... ulcératif de ces boîtes de conserve.

— Je m'attendais à un « tu étais très jolie ».

— Mais tu étais aussi très jolie, se rattrapa-t-il.

Je crois qu'on devrait sortir de ce bain avant d'être complètement fripés.

Il tendit la main vers une serviette blanche tandis que je me levais, la mousse du bain glissant sur ma peau. Jonathan se redressa à son tour et enroula la serviette autour de moi, avant de me frictionner.

— Je vais y prendre goût, le prévins-je alors qu'il nichait sa tête dans mon cou pour m'embrasser.

— C'est justement le but ! Faire en sorte que je te devienne indispensable !

— Ne rêve pas, nous n'en sommes pas là !

— Fantasmer ne coûte rien. Surtout quand mes fantasmes te concernent.

Il m'aida à sortir du bain, me tenant par la main pour que je ne perde pas l'équilibre. Il prit une autre serviette, s'épongea avec et l'entoura autour de sa taille. À moitié nu devant moi, la peau luisante, son visage habillé par cette légère barbe, il était... parfait. J'esquissai un sourire alors que nous retournions dans le salon.

— J'ai une surprise pour toi.

— Encore une bouteille de vin ? m'enquis-je.

— Plutôt de quoi manger. J'avais prévenu qu'il n'y aurait peut-être pas de dîner, mais je ne pouvais pas te laisser le ventre vide.

Il m'attira contre lui, ses doigts attaquant le nœud de fortune qui maintenait ma serviette de bain. Elle glissa au sol et mon petit ami me dévora du regard.

— Surtout que j'ai prévu quelques... activités, poursuivit-il avec un regard de braise. Je propose qu'on dîne après. Je suis certain que cela te plaira.

— Et comment tu peux en être si sûr ?

— Ton goût pour l'exotisme... et pour moi. Et pour mes chemises, ajouta-t-il, mystérieux.

— Tes chemises ? répétai-je sans comprendre.

— Tu sais que j'ai grandi dans la région, mais j'ai sûrement oublié de te dire que je suis né à Vancouver.

Pour la première fois de ma vie, je me sentis rougir jusqu'à la racine des cheveux. Il savait pertinemment comment je le surnommais et je me sentais maintenant parfaitement ridicule ! Il s'esclaffa en me voyant pâlir et saisit la bouteille de sirop d'érable qui était sur la table. Il me prit la main, versa une goutte de sirop sur mon index et le porta à sa bouche pour le suçoter.

— Si tu veux mon avis, le potentiel du sirop d'érable est dramatiquement sous-estimé dans cette région.

Mon bas-ventre s'enflamma et un gémissement honteux, presque adolescent, m'échappa.

— Tu es vraiment... vraiment canadien ? bégayai-je péniblement.

Il mordilla la pulpe de mon doigt, m'arrachant un cri à mi-chemin entre le désir brut et la douleur.

— Je suis *vraiment* canadien. Viens t'asseoir pour dîner.

L'instant suivant, alors que la bouche de Jonathan explorait mon corps, couvert de filets de sirop d'érable, l'idée même d'un vrai dîner s'évanouissait.

Chapitre 11

Parmi les choses qu'on ne pouvait décemment pas reprocher à Peter Banks, il y avait le sens du chevaleresque et la ponctualité. Ces deux éléments alliés expliquaient facilement pourquoi ce Rhett Butler des temps modernes — la moustache en moins, Dieu merci — était devant ma porte, le sourire de la victoire flottant sur ses lèvres.

— Je dérange peut-être ? s'enquit-il en me détaillant longuement.

Je tirai sur la chemise à carreaux que j'avais empruntée à Jonathan, espérant qu'un miracle se produise et qu'elle s'étire jusqu'à mes chevilles. Mon petit ami m'avait raccompagnée chez moi et avait oublié, par la même occasion, de rentrer chez lui. Il avait donc passé la nuit dans mon lit.

— Que faites-vous ici ? ripostai-je, agacée par son irruption impromptue.

— Je suis venu vous chercher. Si mes informations sont correctes, vous êtes toujours... à pied !

— Peter, dans ma réalité, les gens s'annoncent et ne débarquent pas ainsi.

Je jetai un coup d'œil derrière moi, priant pour que Jonathan ne déboule pas. Je voulais limiter la friction entre leurs deux mondes jusqu'à la fin du gala. Si mon petit ami acceptait que j'aille au gala, j'avais des doutes sur le fait qu'il supporte la présence de Peter Banks sous mon toit.

Surtout quand le petit ami en question m'attendait, nu comme un ver, sur mon lit, pour un massage en règle.

— N'aviez-vous pas indiqué 15 heures ? demanda Banks en dégainant sa montre à gousset.

— Ce n'est pas le sujet, Peter. Je comptais venir par mes propres moyens, m'énervai-je.

Pour le bien de notre soirée, je me retins de lui dire ce que je pensais clairement de la situation : il m'envahissait, il s'incrustait dans ma vie et je m'étais toujours targuée de choisir mes amis.

— Je comprends que vous êtes... occupée, lança-t-il en lorgnant mes jambes. Mais je peux tout à fait patienter.

— Liz ? fit la voix de Jonathan derrière moi.

Je poussai un profond soupir, inquiète de la tournure de la conversation. Peter avait visiblement revêtu son costume du maître de l'arrogance et je redoutais qu'il lâche une énormité. Comme cette histoire de gage...

— Peter, lâcha froidement Jonathan en se plaçant judicieusement entre nous deux pour lui boucher la vue.

— Jonathan, un plaisir de te voir, rétorqua Peter, souriant, en tendant la main pour le saluer.

— Le plaisir n'est pas partagé, assena mon petit ami en ignorant son geste. Je te suggère de rentrer chez toi. Pour l'instant, elle est tout à moi.

Jonathan m'enlaça. Cet élan me surprit et je me crispai automatiquement, guère friande de ce type de comportement possessif. Peter me regarda, de toute évidence, amusé par la situation.

— En effet, pour l'instant, ricana-t-il.

Les doigts de Jonathan se resserrèrent autour de ma taille et, du coin de l'œil, je vis les traits de son visage se durcir. Il esquissa un pas en avant, qui me sortit finalement de mon mutisme.

— Je vais aller m'habiller.

— Vous allez mettre votre robe ? demanda Peter, piqué au vif.

— Il était convenu que je me préparerais chez vous. Sauf si vous avez changé d'avis, objectai-je.

— Aucunement. Au contraire, j'attends ce moment avec impatience. Je vais patienter près de la voiture.

Sans gêne aucune et comme il l'avait fait le jour de notre première rencontre, Peter me prit la main et la porta à ses lèvres. Pourtant, son regard sombre et son attitude hautaine ruinèrent l'élégance du geste. D'un hochement de tête, il salua Jonathan et retourna à sa voiture, s'appuyant nonchalamment sur le capot pour m'attendre.

Je refermai la porte et me détachai de mon petit ami. J'étais agacée par toute cette mise en scène, par le sans-gêne de Peter et par la jalousie galopante de Jonathan.

— Je peux t'accompagner, proposa-t-il alors que je rassemblais mon maquillage.

— Pour me surveiller ?

— Pour LE surveiller ! On est à la limite du harcèlement !

— Ne t'inquiète pas pour ça. Je ne verrai plus Peter après le gala de toute façon.

— Je veux t'accompagner, répéta Jonathan.

Je pivotai pour lui faire face, croisant les bras sur ma poitrine. Ses traits étaient toujours aussi tendus, son attitude transpirait d'une rage contenue. De toute évidence, il n'y avait aucune chance que nous reprenions notre massage là où nous l'avions laissé.

— Bien. À une condition, suggérai-je. Tu me dis ce qui se passe entre Peter Banks et toi.

Le silence qui suivit parla pour lui. Il y avait bien quelque chose, une vieille histoire, une rancœur qui se ravivait, maintenant que j'étais entre eux deux. Je n'aurais pas dû être surprise, mon instinct m'indiquait depuis le début qu'il y avait plus qu'une animosité.

— Parfait. Je vais donc rejoindre Peter, conclus-je en lui tournant le dos.

— Liz, je t'assure que...

— Tu as le droit d'avoir tes secrets après tout. Mais je refuse de faire l'arbitre entre Peter et toi. Je vis ici, les Banks vivent ici, je vais au gala. Pour l'instant, je n'ai pas trouvé de solution à l'équation, alors soit tu m'expliques pourquoi tu es à deux doigts de pulvériser Peter Banks dès que tu le vois, soit tu sors d'ici.

— Que... quoi ? Tu veux qu'on... s'arrête là ?

— Pas si tu me dis la vérité.

— Que je te dise la vérité ? Mais enfin, Liz, ce type débarque chez toi, t'impose un planning, te reluque devant moi, et tu imagines que je ne vais rien dire ? s'exclama-t-il, stupéfait.

— Tu es jaloux et c'est totalement...

— Je suis amoureux de toi ! hurla-t-il brutalement.

Je me tournai de nouveau pour lui faire face, ébahie par son aveu soudain. Mon cœur s'emballa stupidement. J'avais appris à être hermétique à ce genre de déclaration et à ces regards implorants. Mais avec Jonathan, j'étais en train de perdre le contrôle et cela me rendait irrationnelle.

— Je pensais bêtement que tu éprouvais aussi quelque chose, lâcha-t-il.

— Jonathan, ce n'est pas... Comment peux-tu...

— Tu n'as aucune idée de ce que tu provoques. Tu es... absolument pénible et en permanence sur la défensive, mais j'adore te percer à jour. J'adore quand tu es enfin toi. Et je suis en colère, parce que chaque fois que Peter Banks débarque, tu remets ton armure et tu fusilles du regard tous les hommes sur ton chemin. Je ne sais pas ce qui se passe entre Peter et toi, mais je sais qu'il se trame quelque chose !

Nous nous toisâmes, lui essoufflé par sa tirade et moi sous le choc. Alors c'était ça... Cette irrationalité permanente, cette attirance étrange, ce sentiment parfait de plénitude. Mais, même si mon cœur me suppliait de le rejoindre, d'apaiser ses craintes, il y avait toujours cette voix instinctive qui prenait le dessus.

— Pourquoi refuses-tu de me le dire ? m'enquis-je doucement.

— Pourquoi penses-tu qu'il y a quelque chose ?

— Parce que je commence à te connaître. Parce que je le sens, je ne me l'explique pas. Et ça me rend dingue de sentir ce malaise entre toi et moi.

— Alors, tu comprends ce que je ressens quand je te vois avec lui. Il est... Ce type est un incroyable manipulateur, tout comme son père. C'est leur marque de fabrique. Liz, tu peux tout me reprocher, mais je veux simplement te protéger.

Je restai silencieuse, espérant qu'il finisse par lâcher une information, une piste, un détail qui aurait pu justifier cette sourde colère qui l'habitait.

— Maintenant, si tu veux toujours aller au gala avec Peter, je ferais mieux de rentrer chez moi.

Il récupéra son T-shirt qui traînait au sol, et quitta la pièce. Je restai immobile, à regarder stupidement la porte, comme s'il allait revenir. Jusqu'au bout, il avait cru que je refuserais de rejoindre le gala. Mais je n'avais plus le choix.

Je ne me laissai pas la possibilité de m'effondrer. Je ne devais pas pleurer, je ne devais pas faire savoir à Peter que j'étais vulnérable. J'étais l'organisatrice de ce fichu gala, j'étais sa cavalière, je devais rester professionnelle et oublier ma déception. Pour le moment du moins.

Après avoir rassemblé péniblement mes affaires, hantée par l'aveu de Jonathan et bouleversée à l'idée que notre relation était fragilisée par son silence, je rejoignis Peter à sa voiture. Il m'offrit un sourire carnassier, ravivant l'amertume que je ressentais.

— Peter, je ne cautionne pas ce comportement. À l'avenir, j'espère que vous vous annoncerez avant de débarquer chez moi à l'improviste.

— Pour que vous trouviez une excuse pour m'éviter ?

— En effet.

Il se rembrunit et, vexé par ma remarque, ne décrocha pas un mot jusqu'à notre arrivée au domaine. Sur place, je sortis de la voiture avec mes affaires et les confiai à Glenda. Avec un peu de chance, elle ne risquerait pas de les noyer dans du poil à gratter.

Je gérai les derniers détails de la soirée, devenant tour à tour doublure son, doublure lumière et grande prêtresse de la décoration florale. Tout était en place. L'estrade pour la vente et les lots avaient été installés. Le micro avait été testé et placé à la hauteur de Peter Banks Senior qui devait assurer un discours de lancement.

Sur la terrasse, les tables pour le dîner étaient en cours de dressage, le tout dans des nuances de blanc, de rose et de doré. Même si j'étais satisfaite de voir que tout fonctionnait, je restais perturbée par ma dernière conversation avec Jonathan. Curieux comme, en quelques heures, nous étions passés de la passion la plus brute à l'amertume la plus forte.

Je chassai mes idées noires en me concentrant sur les questions qu'on me posait. La météo promettait d'être clémente, je n'avais aucun doute sur la réussite logistique de la soirée. Ce que je craignais, c'était Peter. Son arrogance avait été décuplée depuis hier, ses sourires m'écœuraient, ses regards m'effrayaient presque.

« Tu peux tout me reprocher, mais je veux simplement te protéger. »

Jonathan avait peut-être raison. J'avais offert le bénéfice du doute à Peter et je me retrouvais maintenant à faire face à un personnage que je n'appréciais pas. À chaque nouvelle discussion, il me semblait qu'une nouvelle facette de la personnalité de Peter apparaissait.

— Mademoiselle Reilly, lança la voix tonitruante du père de Peter. Vous réglez les détails de dernière minute ?

— En effet, monsieur. D'ailleurs, si vous avez des remarques, c'est le moment ou jamais, ajoutai-je en vérifiant la liste de tâches sur mon bloc-notes.

— Non, aucune remarque. J'ai vu que vous aviez réorganisé la liste des dons pour la vente.

— Oui, j'ai choisi de garder le meilleur pour la fin. Proposer votre résidence à la Barbade pour une semaine va très certainement enthousiasmer vos invités.

— Je l'espère bien. Si cela ne vous ennuie pas, j'instruirai cette dernière vente moi-même.

Pendant une courte seconde, je restai interdite. Dès que l'idée de la vente aux enchères avait été validée, je m'étais débrouillée pour trouver un animateur externe, gage de neutralité.

— J'espère ainsi saluer le gagnant du lot prestigieux, poursuivit-il.

— Comme vous voulez, monsieur Banks. Après tout, c'est votre soirée. Le photographe en profitera pour prendre des clichés pour le journal.

— Par ailleurs, j'ose croire que Peter vous abandonnera pour une danse avec moi.

— Monsieur, je ne vous cache pas que depuis une bonne semaine, je redoute d'accepter vos requêtes. Je ne peux donc rien vous promettre.

— Vous danserez avec moi, croyez-moi. Vous comme moi n'avons nullement besoin de créer un scandale au cours de cette soirée.

— Surtout vous, à vrai dire. J'ai entendu que vous alliez vous lancer en politique ? Je pense que votre image de marque se doit d'être irréprochable.

— Mademoiselle Reilly, si je ne vous connaissais pas aussi bien, je croirais presque poindre l'ombre d'une menace.

— Croyez ce que vous voulez, monsieur Banks. Personnellement, mon avis sur vous ne risque pas de changer grâce à une pseudo-vente aux enchères. Vous êtes sans aucun doute le type le plus odieux que je connaisse. Maintenant, si vous voulez bien m'excuser, je vais aller me préparer.

Hormis le mouvement intempestif de son cigare passant d'un côté à l'autre de sa bouche, Peter Banks Senior n'eut aucune réaction. J'aurais dû me douter que mon excès de franchise n'allait même pas l'effleurer. Je n'étais rien dans son monde, hormis un pion qu'on manipule à loisir.

La chambre des invités était particulièrement spacieuse et baignée de lumière naturelle. Je mettais la dernière touche à mon maquillage, refoulant un sentiment pernicieux et nauséabond qui me tourmentait depuis ma conversation avec le père de Peter. Je ne regrettais pas mes propos, mais, quelque part, je savais que ce gala serait étrange. Me dégageant de mon peignoir, je me glissai dans ma robe, soupirant lourdement.

J'avais encore ce fichu gage à tenir !

Quelques instants plus tard, Peter toqua à ma porte et s'annonça. Il y avait déjà du mieux ! Je le fis entrer dans la chambre, laissant la porte volontairement ouverte. Inutile de créer un semblant d'intimité avec un homme comme lui.

— Liz, vous êtes absolument ravissante, me complimenta-t-il.

— Je dois admettre que vous êtes plutôt élégant, vous aussi, dis-je en détaillant son smoking, dont seul le nœud n'était pas parfait. Je présume que vous êtes venu pour honorer votre pari ?

— Je suis avant tout venu pour m'excuser de mon comportement de cet après-midi. Je n'aurais pas dû débarquer chez vous de manière si... cavalière.

De nouveau un changement de personnalité. Peter Banks Junior avait l'art et la manière de vous faire perdre vos repères en moins de cinq secondes. Il me dévisagea, une lueur de sincérité illuminant son regard.

— J'accepte vos excuses, Peter.

— Et j'ai aussi ça pour vous, ajouta-t-il en sortant un paquet de derrière son dos. C'est pour me faire pardonner.

— Ce n'était vraiment pas nécessaire, soupirai-je, mal à l'aise. Vous m'avez déjà offert un grille-pain !

— C'est quelque chose de beaucoup plus... important à mes yeux. Acceptez, s'il vous plaît !

Il me le tendit et, devant mon hésitation, avança d'un pas pour me le placer entre les mains. Embarrassée par ce cadeau imprévu, je le déballai précautionneusement. Je découvris peu à peu la toile que j'avais admirée dans son atelier, quelques jours auparavant.

— J'ai vu qu'elle vous plaisait. C'est aussi ma préférée et je n'ai que trop rarement l'occasion de partager ma passion. Surtout avec une femme comme vous !

J'examinai le tableau, toujours magnifique avec ses couleurs éclatantes. Curieusement, cette toile me remonta le moral, effaçant momentanément mes tourments liés à Jonathan et au gala.

— Merci beaucoup, murmurai-je. Peter, je me dois de vous dire que vous êtes absolument imprévisible et bien trop compliqué à suivre.

— Je vais le prendre comme un compliment, répondit-il en souriant. Je dois admettre que vous êtes, vous aussi, très déroutante.

— Parce que je refuse vos avances ?

— Parce que vous me préférez un autre homme.

— J'ai été honnête avec vous, Peter. Je vous ai toujours dit que notre relation serait purement professionnelle. Je vous apprécie beaucoup, mais je ne peux pas être... avec vous. Ça ne collerait pas.

— Qu'a donc cet homme que je n'ai pas ? s'enquit-il en souriant largement.

— Parfois, certaines choses ne s'expliquent pas, Peter. Pouvez-vous m'aider ? demandai-je en lui tournant le dos.

— Le moment que j'attends depuis des jours, fit-il en ricanant.

Je sentis ses mains sur ma peau, me chatouillant désagréablement. Très lentement, il remonta la fermeture Éclair de ma robe, son souffle chaud balayant ma nuque dégagée. Ce silence à peine troublé dura une éternité. Éternité que Peter ponctua d'un baiser sur mon épaule dénudée.

Je sursautai, surprise, et lui lançai un regard noir. Il s'en amusa, presque moqueur.

— Je suis prêt à vous défier de nouveau pour la faire descendre cette fois, proposa-t-il.

— Ne rêvez pas, Peter. Je ne fais pas deux fois la même erreur.

— Je suis ravi de passer la soirée avec vous, Liz. Mon père m'a indiqué qu'il avait été impressionné par votre travail.

— Impressionné ? Votre père a dit ça ?

— Difficile à croire, n'est-ce pas ? Mon père n'est pas franchement impressionnable. Il pense que ma galerie à Charleston n'est qu'une façon polie de le renier.

— Peut-être devriez-vous prendre votre envol, Peter ! Quitter cet endroit, vivre votre vie loin du nom de votre père.

— Pouvez-vous m'aider avec mon nœud papillon ? éluda-t-il. J'aimerais que tout soit parfait, surtout avec vous comme cavalière. J'ai encore deux ou trois détails à régler avec mon père pour la vente, je vous rejoins ensuite dans le jardin.

Je saisis son col et m'appliquerai à lui faire un vrai nœud papillon, droit et net. Les yeux de Peter ne me quittèrent pas de toute la manœuvre, créant un malaise palpable entre nous. Lui comme moi savions sûrement que jouer la comédie ne servirait pas à grand-chose.

— Merci, murmura-t-il quand je m'écartai de lui. Jonathan est vraiment un type chanceux.

Il ressortit de la pièce avec un sourire timide, presque honteux de s'être laissé aller à ce commentaire. Je me recoiffai rapidement et descendis au jardin pour accueillir les premiers invités.

La vente battait son plein. Les lots avaient très facilement trouvé preneurs et les invités semblaient ravis du début de la soirée. À ma demande, Joan était restée en cuisine et supervisait les services du traiteur. L'animateur menait la vente avec humour et bagou, poussant les amis de Peter Banks à sortir leur chéquier.

Peter Banks Senior arborait un ridicule sourire triomphant. À ses côtés, son fils me lançait de petits coups d'œil étranges. S'était-il fait remonter les bretelles par son père ? Il avait ce visage pâle et contrit que j'avais déjà eu l'occasion de voir quand son père le tançait un peu trop.

Je fronçai les sourcils, observant la vente de loin. La nuit commençait à tomber sur le domaine et l'éclairage sublimait le décor naturel. J'étais très satisfaite de ce que Joan et moi avions fait. Pour la première fois depuis une éternité, j'étais fière de mon travail, fière d'avoir tout lâché pour venir ici.

L'animateur annonça le dernier lot et mon pressentiment de l'après-midi se désagrégeait progressivement, dissous dans les rires et les applaudissements qui retentissaient. Après la vente, le dîner serait une partie de plaisir.

Peter Banks Senior, cigare tout neuf à la bouche, grimpa sur scène et remercia l'animateur. Il lança les hostilités sur le dernier lot, haranguant la foule, interpellant ses invités par leurs prénoms, racontant même des anecdotes croustillantes et honteuses pour les faire surenchérir. Si la méthode ne me surprenait pas, j'étais en revanche déstabilisée de constater que tout le monde en riait.

Son fils, les épaules voûtées, assistait au spectacle, mais il était éteint et ne réagissait nullement à ce que son père disait. Mais qu'avait-il pu lui dire pour le mettre dans cet état ? Il était l'ombre de lui-même. J'allais m'approcher de Peter, mais la voix de son père me figea. Le lot venait d'être adjugé.

— Messieurs, mesdames, je profite de cet instant pour remercier chaleureusement Elizabeth Reilly qui a travaillé ardemment à l'organisation de cette soirée.

Une salve d'applaudissements retentit et Peter Banks Senior me désigna de la main. J'inclinai la tête pour le remercier, espérant regagner au plus vite mon anonymat.

— Mademoiselle Reilly, montez sur scène, je vous en prie. Nous avons ajouté, en dernière minute, un lot qui vous concerne.

Je jetai un regard furtif à Peter, qui se liquéfiait sur sa chaise. Prise au dépourvu et surtout au pied du mur, je slalomai entre les chaises pour gagner l'estrade.

— N'est-elle pas superbe ? lança Banks à la foule, déjà un peu enivrée.

Mal à l'aise, je le rejoignis sur scène, offrant mon sourire le plus faux aux invités. Je le remerciai de nouveau, priant pour ne pas subir une séance d'humiliation gratuite. L'haleine chargée de Banks, mélange de cigare et d'alcool fort, ne me surprit pas ; en revanche, je fus stupéfaite de sentir sa poigne me serrer douloureusement l'avant-bras.

— Mlle Reilly a choisi d'organiser cette vente au profit de la lutte contre le cancer, cause qui lui tient à cœur. C'est pour cette raison qu'elle a souhaité faire elle aussi un don, un peu particulier.

Je me pétrifiai et esquissai un geste de recul pour échapper à l'emprise de Banks. Au loin, je devinais son fils, livide et abattu.

— Qu'est-ce que vous fabriquez ? articulai-je silencieusement.

— Je profite de ce pour quoi j'ai payé, me répondit-il. Cette vente, reprit-il à l'intention du public, n'intéressera sûrement que les messieurs ; aussi, mesdames, je vous demande votre indulgence et vous rappelle que nous œuvrons pour la bonne cause !

Les rires de la foule me tétanisèrent un peu plus. Ils cautionnaient ce comportement ! Je me sentis paniquée, prise entre l'envie de fuir et le besoin de faire bonne figure.

— Mlle Reilly va donc vendre... un dîner en tête à tête. Si vous avez de la chance, peut-être que ce qui suivra le dîner sera gratuit ! Mlle Reilly a un goût prononcé pour l'art et pour... le clinquant. Les enchères commencent à 2 500 dollars !

— Vous êtes encore pire que ce que j'imaginais, lançai-je, les dents serrées.

— Pas de scandale, ma chère, pas de scandale ! m'intima-t-il.

Sa main quitta mon bras et me prit par la taille, m'attirant violemment contre lui. Il n'avait même pas l'excuse d'être ivre, il était à peine joyeux et il savait tout à fait ce qu'il faisait. Je croisai le regard de son fils, hagard sur sa chaise, et pris conscience qu'il savait. Il était au courant du plan de son père et ne m'avait rien dit.

— J'ai 3 000 dollars sur ma gauche, qui dit 3 500 ?

— Trois mille cinq cents ici, hurla la voix d'un homme au premier rang.

— Ah ! Trevor, je reconnais bien là ton goût pour les belles choses ! Quatre mille dollars pour quelqu'un ?

J'implorai Peter du regard : il fallait qu'il surenchérisse, il me devait au moins ça ! Il s'était tu, il m'avait déçue, mais il pouvait encore sauver les meubles et, pour une fois, réagir devant son père.

— Cinq mille dollars, cria un homme tout au fond du jardin.

— Cinq mille cinq cents, reprit enfin Peter en se levant de sa chaise.

— On dirait que mon fils tient un peu à vous, finalement ! Il ne m'a pas habitué à tant de courage. Encore moins pour une femme ! Allons, messieurs, Mlle Reilly est de charmante compagnie !

— Six mille dollars !

— Sept mille !

— Dix mille ! lança la voix de Peter.

Si je n'avais pas été coincée contre son père, s'il ne m'avait pas caché cette mascarade, je lui en aurais été presque reconnaissante.

— Dix mille dollars, une fois. Dix mille dollars, deux fois !

— Cinquante mille dollars ! hurla une voix d'homme.

Tous les visages se tournèrent vers le fond du jardin et, moi-même, je plissai les yeux, tentant de distinguer les traits de l'enchérisseur. Des murmures s'élevèrent et Peter Banks Senior, à mes côtés, grogna de désapprobation. Finalement, l'homme apparut, remontant le jardin dans notre direction.

— Et s'il le faut, je double la mise, ajouta-t-il, une fois à la hauteur de la scène.

Ma respiration se coupa immédiatement et mon cerveau, en manque d'oxygène, pointa pendant une seconde aux abonnés absents. Je pensais naïvement avoir répertorié tous les éléments perturbateurs possibles — de la tornade à l'attentat, en passant par une grippe intestinale de toute l'équipe de serveurs —, mais celui-ci dépassait tout ce que j'avais pu imaginer.

Chapitre 12

Hagarde, je dévisageai Jonathan. La poigne de Peter Banks Senior se resserra autour de ma taille et il foudroya du regard le Canadien. Je me débattis légèrement, espérant sauvegarder le mirage d'un gala parfait alors que je sentais poindre la tornade dévastatrice du scandale.

— Y a-t-il des enchérisseurs ? demanda Jonathan en se tournant vers le public.

Peter Banks Junior, toujours debout, se rassit péniblement en secouant la tête. Le malaise était palpable, les regards interloqués. Et surtout, il y avait ce silence tendu, qui effaçait tout l'aspect festif de la soirée.

— Je crois que vous pouvez adjuger la vente, lança le Canadien en me souriant.

La stupéfaction enfin encaissée, je sentis une vague de soulagement me gagner. D'un mouvement vif, je me libérai de l'emprise de Banks. Je captai le regard de Jonathan, qui, sans se départir de son sourire victorieux, tendit la main pour m'aider à descendre de l'estrade.

— Très jolie robe, me complimenta-t-il à voix basse.

Derrière nous, j'entendis l'animateur prendre le relais. Il avait très certainement compris que ce long et pénible silence était en train de tuer la soirée. Il annonça le début du dîner et les invités se mirent en mouvement, ne manquant pas de nous jeter, à Jonathan et à moi, quelques coups d'œil curieux.

J'avais finalement trouvé pire que le scandale : la suspicion. J'allais devoir survivre à cette soirée en subissant les regards, les moqueries, les sourires convenus. Et moi qui pensais que ma dignité était déjà anéantie après avoir accepté l'offre de Banks...

— Quelle... mauvaise surprise ! grogna Peter Banks Senior.

Jonathan m'attira contre lui, sa main se posant à l'endroit exact où celle de Banks m'avait serrée sur l'estrade. Je me tortillai, un peu mal à l'aise. Le corps de Jonathan se tendit, mais il ne flancha pas quand le patriarche Banks, cigare à la bouche, lui fit face, un sourire étrange aux lèvres.

— Et tu as mis un smoking ! railla-t-il.

— Rassure-toi, c'est la première et la dernière fois que tu me vois ici. Je ne compte plus y mettre les pieds.

— Mlle Reilly me doit une soirée. Du moins, elle doit une soirée à mon fils, précisa-t-il en me regardant.

— Elle ne te doit rien, assena Jonathan en durcissant le regard.

Le patriarche Banks s'esclaffa, tandis que, de plus en plus mal à l'aise, je tentais de saisir le lien entre Banks Senior et Jonathan. Brutalement, à l'animosité qui transparaissait de leur échange, je compris.

Jonathan était, lui aussi, un Banks.

— Elle a encaissé un chèque substantiel pour passer la soirée ici, avec Peter.

Mon sang se glaça et, brutalement, le bras de Jonathan quitta ma taille. Il pivota vers moi, pâle et sous le choc de cette révélation. La pointe de déception qu'il me sembla voir dans son regard me tordit le ventre dans une douleur atroce.

— Tu devrais pourtant savoir qu'il n'y a que l'argent qui compte pour les femmes de son genre.

— Jonathan, ce n'est pas...

— S'il te plaît, Liz, m'interrompit-il avec un regard assassin. Combien ? demanda-t-il à Banks Senior.

— Suffisamment pour qu'elle accepte sans sourciller.

Les poings de Jonathan se serrèrent tandis que je sentais mes jambes flageoler. Le soulagement que j'avais ressenti en le voyant n'était déjà plus qu'un lointain souvenir. Jonathan me détailla avec un regard glacial et s'écarta un peu de moi. Je tentai de m'expliquer, mais les mots se bousculaient dans ma tête et rien de cohérent ne sortit de ma bouche. Comment aurais-je pu justifier ce qui me répugnait à moi-même ?

— Est-ce que c'est vrai ? m'interrogea-t-il.

— Oui... Je... Ce n'est pas..., bégayai-je péniblement.

— Il t'a payée pour que tu passes la soirée ici ?

— Pour que je sois la cavalière de Peter, soufflai-je finalement.

Jonathan ravala un rire empli d'amertume et, d'un geste rapide, retira son nœud papillon pour le jeter au sol. Ses yeux passèrent de moi à Peter Banks Senior. Il semblait stupéfait, presque abasourdi par la tournure de cette conversation. Lui qui était venu pour me sauver, il se retrouvait pris à son propre piège.

— Tu es vraiment le plus incroyable des salopards, s'écria-t-il finalement à l'adresse du patriarche. De ce point de vue, tu es vraiment surprenant !

— Tu ne m'apprends rien. Maintenant, si cette conversation est terminée, peut-être pouvons-nous passer à table ? Mademoiselle Reilly ?

La gorge serrée et le corps encore parcouru de spasmes, je regardai les deux hommes tour à tour. Si Banks semblait sûr de lui et plein d'arrogance, Jonathan portait toujours ce masque d'incrédulité absolue. Je le comprenais : moi-même, j'étais stupéfaite d'avoir accepté un tel accord.

— Je vous rejoins dans quelques minutes, répondis-je finalement en suppliant Jonathan du regard de me laisser l'occasion de m'expliquer.

— Si vous n'êtes pas à table dans deux minutes, au côté de mon fils, vous pouvez dire adieu à votre chèque.

Et, sans que j'aie la possibilité de répondre, il tourna les talons et partit. Au loin, je distinguai le visage de son fils, toujours aussi blafard et maladif. Je lui en voulais terriblement et j'avais la sensation d'avoir été bernée par ses élans chaleureux et complices.

— Je te laisse aller dîner, murmura Jonathan en remontant l'allée du jardin.

— S'il te plaît, ce n'est pas ce que tu crois ! gémis-je en tentant de suivre sa cadence, clopinant sur mes escarpins.

— Crois-moi, tu ne tiens pas à savoir ce que je pense de toi !

— Il me tenait. J'avais besoin d'argent... J'étais... désespérée. Je l'ai fait pour Mia et pour Joan. C'était sans importance !

— Sans importance ? Tellement sans importance

que tu as préféré ne rien me dire ? lâcha-t-il en se tournant finalement vers moi.

— Je ne te connaissais même pas quand j'ai accepté cette soirée !

— Et ça change quelque chose ? Je t'avais prévenue que les Banks étaient des manipulateurs.

— Je peux me sortir de tout ça ! protestai-je.

— Ah oui ? Pour finir comme du bétail à une vente aux enchères ? hurla-t-il à bout de souffle. Si au moins tu avais accompagné Peter pour une bonne raison ; mais pour de l'argent ? Vraiment ? Ce type te paye pour préserver son image, il organise une vente aux enchères au profit de la lutte contre le cancer alors qu'il refuse même de financer les soins de ma mère ! Est-ce que tu saisis l'ironie de cette histoire ?

— Je n'ai pas eu le choix, me défendis-je, au bord des larmes. Je n'avais pas prévu tout ça. Ni la vente ni toi !

Nous nous toisâmes, désormais familiers de ce genre d'affrontement. J'étais à bout de souffle, fatiguée de l'avoir suivi sur l'allée de gravier et exténuée par toute cette soirée. La perspective de prendre la fuite, loin de cette maison et encore plus loin de cette ville, était tentante.

— Pourquoi ne m'as-tu rien dit ? demandai-je finalement.

— À quel sujet ?

— Tu es un Banks, toi aussi.

Il tressaillit, comme si l'entendre de ma bouche rendait la chose encore plus réelle, puis poussa un long soupir fatigué.

— J'aurais pu être un Banks, corrigea-t-il. Mais avec le recul, je suis heureux d'avoir été... juste moi et pas le fils de cet enfoiré. Je ne veux pas être assimilé à eux.

— C'est pour cette raison que tu ne m'as rien dit ?

— À mon sens, faire partie de cette famille n'est pas franchement flatteur. Je suis à peu près certain que notre relation aurait changé.

— Donc tu as préféré me mentir ?

— J'ai préféré faire comme d'habitude : ignorer simplement l'existence de cet homme. Il a entretenu ma mère tant qu'elle acceptait de se plier à ses... exigences, expliqua-t-il avec colère. Le secret a été bien gardé et, en toute sincérité, cela me convient parfaitement.

Curieusement, malgré ses explications, j'étais perdue. Il m'avait caché un important pan de sa vie et m'avait laissée me noyer dans la manipulation des Banks. Je me sentais trahie et blessée par son manque de confiance.

— Tu aurais dû me le dire, soufflai-je, attristée.

— Pour que ton regard sur moi change ?

— Il n'aurait pas changé.

— Il a changé. À l'instant où tu as compris qui j'étais, tu m'as regardé autrement. Personnellement, je voulais juste te protéger de lui. Je vais te laisser aller dîner. Tu as besoin de cet argent.

— Jonathan, s'il te plaît, lançai-je.

Il m'ignora, remontant l'allée jusqu'à la sortie du domaine. Très vite, sa silhouette fut engloutie dans l'obscurité. Derrière moi, j'entendis des éclats de rire et le murmure continu des conversations. Le cœur serré et contre ma volonté, je fis demi-tour et rejoignis Peter. La soirée s'annonçait très longue.

Le dîner fut étrange. Le fils Banks ne décocha pas un mot : honteux et coupable, il se réfugiait dans le vin et le silence. Peter Banks, le patriarche, osa quelques commentaires grivois sur la vente aux enchères, précisant, avec une élégance rare, qu'il espérait que j'étais d'un bon rapport qualité-prix. Les invités riaient, imperméables au malaise grandissant qui m'étreignait.

Je n'avais aucune idée du devenir de ma relation avec Jonathan. Ce que j'avais vu dans son regard — la déception et la colère — ne s'effacerait pas facilement. Paradoxalement, si j'en voulais beaucoup à Peter Banks Senior, ma rage contre son fils légitime était beaucoup plus contenue. Finalement, sa réaction peu courageuse était prévisible. À la fin du dîner, je m'éclipsai dans la chambre des invités, espérant qu'une pause dans les festivités me ferait du bien.

— Je vous présente mes plus sincères excuses, murmura Peter, nonchalamment appuyé contre le chambranle de la porte.

Je relevai la tête, passablement agacée qu'il vienne me déranger pendant ma petite séance de torture psychologique au sujet de ma relation avec Jonathan. Je me sentais envahie dans mon intimité.

— Puis-je entrer ? demanda-t-il avec précaution.

— Vous êtes chez vous, non ?

— Certes. Mais j'ai bien conscience d'être la dernière personne que vous avez envie de voir ce soir.

— L'avant-dernière pour être tout à fait honnête, corrigeai-je.

Un léger sourire flotta sur ses lèvres, mais il ne prit pas le risque de franchir le seuil de la chambre. Un silence s'installa, à peine troublé par les murmures des invités et les musiciens de la soirée.

— Liz, je suis vraiment désolé d'avoir... dû vous mentir.

— Ah oui, vous aussi, c'est vrai. La liste s'allonge de minute en minute : votre père, vous, Jonathan. Je dois admettre que les Banks ont un don particulier pour la dissimulation. Et je ne parle même pas de l'humiliation d'être vendue aux enchères comme un trophée !

— Je sais, avoua-t-il. C'est justement au sujet de ce que mon père a fait ce soir. Je n'aurais pas dû le laisser agir de la sorte.

— Vous êtes un lâche, Peter, m'agaçai-je. Non seulement ce soir, mais depuis tellement longtemps que vous ne vous en rendez même plus compte.

Il encaissa ma remarque sans broncher, mais son regard troublé trahit sa susceptibilité. Peut-être que jamais personne ne lui avait clairement dit que la lâcheté était un défaut détestable que toutes les Aston Martin du monde ne compenseraient jamais.

— C'est moi qui ai prévenu Jonathan, lança-t-il finalement, sur un ton d'excuse.

— Plutôt que d'intervenir vous-même ?

— J'ai pensé que c'était la meilleure solution.

— Pour vous ou pour préserver votre part d'héritage ? Bon sang, Peter, affrontez la vraie vie, affrontez votre père !

— Liz, les choses ne sont pas forcément noires ou blanches !

— En effet. Mais vous devez faire un choix. Pour l'instant, je ne sais pas si vous vous écrasez devant lui en signe d'allégeance ou si vous vous contentez de vous cacher en attendant sa chute !

— Je ne pensais pas que vous aviez une si mauvaise opinion de moi.

— Seulement depuis ce soir, raillai-je. Je dois dire que vous avez parfaitement su brouiller les cartes toute la semaine. Je ne sais pas si je dois croire que nous avons été... je ne sais pas, amis, peut-être, ou si tout cela n'était qu'une vaste comédie ?

— Si mon père a fait ça, c'est surtout pour m'humilier, moi, Liz. Cela étant dit, vous offrir un grille-pain était mon idée ! J'ai beaucoup aimé passer du temps avec vous, même si j'ai rapidement réalisé que je n'avais aucune chance avec vous !

— Je ne comprends pas pourquoi vous restez ici. Pourquoi subissez-vous ça ? Vous pourriez très bien déménager, vivre votre vie...

— Mon père détient la moitié de ma galerie à Charleston. Sans lui, je ne suis rien. Et il sait très bien me le rappeler.

— Vous m'avez montré à quel point vous n'étiez pas... comme lui.

— Liz, votre confiance en moi me fait chaud au cœur. Mais j'ai toujours su que mon père avait payé pour que vous soyez ici ce soir. Si j'avais vraiment été chevaleresque, je vous aurais sauvée de cette soirée catastrophique.

— Vous le saviez ? m'exclamai-je.

— Mon père est très prévisible. Je l'ai su à l'instant où il a viré la précédente organisatrice.

Mes yeux s'élargirent et Peter étouffa un rire. Il profita de ce moment plus détendu pour entrer dans la chambre et s'asseoir près de moi. Je le dévisageai, m'inquiétant vaguement du nombre de péripéties que j'allais encore devoir subir pour survivre à cette soirée.

— De toute évidence, vous n'étiez pas au courant !

— J'ai eu la version acceptable, ironisai-je, celle où c'est l'organisatrice qui vous a plantés à la dernière minute !

— Elle a été virée. Justement parce qu'elle a refusé la proposition juteuse de mon père, celle que vous avez acceptée. Je suis un Banks, Liz.

— Jonathan aussi, murmurai-je.

— Je sais. Nous nous ressemblions beaucoup plus jeunes, ça n'a échappé à personne, pas même à ma mère. La seule différence entre lui et moi, c'est que lui a su faire sans ce nom. C'est sûrement pour cela que vous l'aimez, conclut-il avec un sourire. Moi, je n'ai plus aucune chance après ce fiasco ! Sauf si vous désirez faire une partie de billard !

Son humour me tira le premier sourire de la soirée depuis le départ de Jonathan. Je lui en étais presque reconnaissante, même si un soupçon d'amertume allait persister encore longtemps. Je n'étais pas de nature rancunière — en fermant les yeux sur le fait que j'avais immolé par le feu tous les vêtements de mon escroc d'ex-petit ami —, mais le comportement de Peter Banks Junior resterait une énigme pour moi.

— Voulez-vous que je vous raccompagne chez vous ?

— Je dois une danse à votre père, et peut-être même une à vous !

— Vous avez vraiment besoin de cet argent, n'est-ce pas ? s'enquit-il avec intérêt.

— J'ai surtout besoin de publicité.

— Votre associée a distribué des cartes de visite par centaines. Concernant l'argent, vous souvenez-vous de ce que je vous ai dit lors de notre première rencontre ?

— Un paquet d'âneries ? suggérai-je dans un soupir.

— Je signe les chèques, Liz. Et maintenant, je vais vous raccompagner.

En catimini, nous rejoignîmes le garage où était garée l'Aston Martin. Peter m'ouvrit galamment la porte, espérant certainement se faire pardonner les derniers événements. Le cœur en miettes et ravagée par la fatigue d'avoir tenu un rôle pendant le dîner, je grimpai avec soulagement dans la voiture. Je voulais juste dormir. Dormir longtemps et oublier ce désastre.

Dans un crissement de pneus, Peter nous fit quitter le domaine. Je prenais la fuite, me rappelant avec ironie que cela devenait une habitude dans ma vie. Ensuite, il me faudrait jongler avec la réaction de Joan et tenter de crever l'abcès avec Jonathan. Cette dernière perspective me torturait déjà. Nous étions tous les deux fâchés l'un contre l'autre et, sans compromis, nous allions dans le mur.

Peter me déposa chez moi, respectant mon silence religieux dans l'habitacle. Je le remerciai rapidement, espérant me camoufler jusqu'à la fin des temps dans ma petite maison délabrée. Il repartit après s'être assuré que j'avais bien franchi le seuil de chez moi.

C'est en refermant la porte derrière moi que mes nerfs lâchèrent. Entre ma colère contre les Banks, ma dispute avec Jonathan et le stress de l'organisation du gala, je me sentais brutalement fatiguée, à bout de forces.

Je gagnai mon lit, me déshabillant sur le chemin, et m'enroulai dans ma couette. C'est à cet instant, quand le froid des draps me glaça, que les premières larmes — de rage, d'amertume ou de déception, je ne savais plus trop — me ravagèrent.

Au petit matin, je me rendis compte que Peter avait au moins raison sur une chose : j'aimais Jonathan.

Chapitre 13

— Tu es dans un état parfaitement... indescriptible, lança Joan trois jours plus tard.

Je grognai, refusant qu'elle me tire du lit. J'y avais passé la majeure partie de mon temps depuis mon retour de chez les Banks. J'avais la sensation d'être perpétuellement fatiguée : chacun de mes mouvements me demandait un effort insoutenable, soulever une paupière et affronter la lumière du jour était une torture.

Ma meilleure amie était à mon chevet tandis que, camouflée sous la couette, je me répétais en boucle la scène de l'apocalypse : la vente aux enchères, mon sauveur, puis son départ. Amère, j'en avais conclu que je n'avais pas mon pareil pour ruiner mes relations sentimentales.

— Il faut que tu te lèves, reprit Joan en essayant en vain de me découvrir.

— Fiche-moi la paix ! maugréai-je en m'enroulant dans la couette.

— Pourrais-tu au moins me fournir une explication sur ton... état ? demanda-t-elle, passablement agacée.

— Va-t'en !

— Mia m'a fait le coup, il y a deux mois. J'ai fini par l'extirper du lit, alors crois-moi, Elizabeth, tu n'as aucune chance !

— Ne m'appelle pas Elizabeth ! ronchonnai-je.

— Parfait ! Tu as deux minutes pour sortir de ce lit, juste le temps qu'il me faut pour remplir une bassine d'eau !

— Tu ne le feras pas ! la provoquai-je.

Quand seul le silence de la pièce me répondit, j'eus une petite bouffée d'angoisse. Terrée sous les draps, aveugle vis-à-vis de mon environnement, je ne savais pas si la menace de Joan était crédible. Pourtant, quand j'entendis la plomberie antique de ma maison émettre un sifflement désapprobateur, un doute affreux m'envahit.

Je jetai un coup d'œil par-dessus la couette, constatant avec inquiétude que ma chambre était vide. La tuyauterie cessa de siffler et Joan réapparut, sourire aux lèvres, armée d'un arrosoir. Elle plissa les yeux, façon Clint Eastwood en pleine période western spaghetti, et s'avança vers moi.

— D'accord, d'accord, concédai-je dans un soupir. Je vais me lever !

Je repoussai la couette et sortis de mon lit avec la ferme intention d'y retourner le plus tôt possible.

— Va prendre une douche. Je vais faire du café et tu vas m'expliquer ton syndrome dépressif !

Je bougonnai pour la forme et Joan me lança un regard assassin, son arrosoir toujours à portée de main. Après avoir pris une douche rapide et manqué de me scalper en démêlant le nid d'oiseau que formaient mes cheveux, je descendis dans la cuisine. Joan eut un sourire satisfait en me voyant, puis me tendit un mug de café.

— Raconte-moi, m'encouragea-t-elle.

Je me lançai alors dans le récit détaillé de ma soirée de gala : ma découverte de la filiation Banks du Canadien, l'humiliante vente aux enchères et, pour finir, l'accord glauque du père Banks pour que je sois la cavalière de son fils. Joan ne cilla pas, m'interrompant simplement pour éclaircir quelques détails.

— C'était donc ça, le bonus ? s'enquit-elle.

— Oui... Je... je ne voulais pas faire capoter le contrat, alors j'ai bêtement accepté. J'aurais dû me méfier !

— On va faire comme si je t'en voulais à mort !

— Tu ne m'en veux pas ?

— Officiellement, si. À mort ! répéta-t-elle en me lançant un regard noir. Mais, dans ma grande mansuétude, j'ai décidé de te pardonner.

— Tu as... Oh ! Tu as reçu le chèque, donc ?

— Le chèque et de nouvelles propositions ! Mais je t'en veux à mort ! me rappela-t-elle en me tendant un dossier épais. Notre prochain contrat ! En revanche, si jamais tu acceptes à nouveau de l'argent pour accompagner un crétin à une soirée ou pour lui masser les pieds, je te promets de démanteler Ted et de l'envoyer à la casse. Suis-je claire ?

— Très, balbutiai-je, impressionnée par cette surprenante autorité.

— Maintenant, concernant Jonathan, tu as le choix : soit tu te morfonds jusqu'à la fin des temps, auquel cas je te réapprovisionnerai régulièrement en glace à la vanille et en films à l'eau de rose ; soit tu prends ton destin en main et tu vas le voir !

— Je ne suis pas la fautive dans l'histoire, protestai-je. Ça fait trois jours et il n'est pas venu me parler !

— Il te fait mariner dans ton jus. Et puis, il n'a

pas l'air maso. Il sait que s'il vient ici, tu finiras par lui jeter ton cactus à la tête.

— C'est un cadeau de Peter, fis-je remarquer avec une pointe d'ironie.

Joan leva un sourcil, tentant de retenir un rire sans y parvenir. Je m'esclaffai à mon tour, presque soulagée de lui avoir raconté la vérité. Ma dispute avec Jonathan, et surtout son silence prolongé me revinrent en tête et mon rire s'évanouit dans l'instant. Joan m'offrit un sourire compatissant, avant de se lever du canapé pour partir.

— Tu devrais aller le voir. Il faut qu'un de vous deux fasse le premier pas. De toute évidence, il ne le fera pas, de crainte de se faire... embrocher !

Elle m'embrassa sur la joue, pressant mon épaule de la main dans un geste amical.

— Et Mia t'attend samedi à 16 heures pour préparer la salle pour le bal du lycée !

Elle claqua la porte alors que j'affichais un air consterné. Merde ! Le bal ! Et Jonathan ! Re-merde ! L'instant suivant, j'enfonçai la tête dans un des coussins du canapé. Peut-être que mourir étouffée était la meilleure des options.

— Tu es inquiète ? demanda Mia.

— Non, mentis-je avec aplomb.

— Tu as l'air... pâle.

— Je n'ai pas passé ce qu'on appelle une bonne semaine ! Je commence même à me demander si je n'ai pas un véritable problème relationnel avec les hommes, ajoutai-je, contrariée par mon dernier coup de fil au garagiste.

Au volant de la voiture de Joan, j'étais tiraillée entre la panique absolue à l'idée d'affronter Jonathan, ma rage contenue contre le garagiste qui avait osé suggérer d'abandonner les soins prodigués à Ted et l'enthousiasme feint que je devais communiquer à une horde d'adolescents boutonneux.

Bref, ma vie était... parfaite. Vraiment parfaite !

Et Jonathan me manquait à un point tel que cela en devenait presque pathétique. Je ne me souvenais pas d'avoir été à ce point au trente-sixième dessous pour un homme. Même après l'escroc qui m'avait ruinée, j'avais réussi à me remettre très vite sur pied, à reprendre ma vie en main, avec quelques aménagements.

Maintenant, j'avais la sensation désagréable d'être en permanence dans un équilibre précaire. Je m'étais forcée à ne pas penser à Jonathan, à faire un trait sur cet homme, et je m'étais lancée à cœur perdu dans le travail. Ce que j'appelais la « stratégie de l'évitement », première phase dans toute rupture amoureuse, fonctionnait.

Sauf dans la cuisine, où, fatalement, les images de mon étreinte avec le Canadien me revenaient en Technicolor, option *dolby surround*. Et après ça, je me transformais en hybride étrange : à mi-chemin entre la femme épanouie et la loque amoureuse.

Bref, il me manquait terriblement.

Nous entrâmes dans l'enceinte du lycée, et une boule de nervosité se nicha dans le creux de mon estomac. Mais il me fallait agir avec toute la dignité qui me restait après ce gala chez les Banks, dignité qui reprenait d'ailleurs de la vigueur.

Jonathan boudait. Très bien, je pouvais l'accepter.

Jonathan était vexé dans sa fierté masculine et dans son instinct de propriété. Soit !

Jonathan et moi n'avions eu qu'une courte relation, fondée sur sa capacité à percer ma carapace et à esquiver mes sarcasmes. Non ?

Techniquement, il m'avait menti le premier. N'aurait-il pas été plus simple et plus honnête, lors de notre rencontre fortuite avec Peter, de me dire qu'il s'agissait de son demi-frère ?

J'avais toutes les cartes en main. J'étais en position de force. J'allais accepter ses plus plates excuses, je jouerais la parfaite indifférente. Je serais une guerrière, j'anéantirais le Canada, le sirop d'érable et les chemises à carreaux. Je serais forte !

Je répétai ce mantra cinq fois, le long du chemin menant du parking de l'école à la salle de gym du lycée. Une sixième fois aurait très certainement été de trop.

La salle de gym était tout à fait comme dans mon souvenir : sombre, froide, avec cette éternelle odeur de sueur. Plus jeune, je détestais cet endroit. Je poussai un profond soupir, jetant des regards à la ronde. Non, je ne le cherchais absolument pas.

Digne !

— Je suis chargée des ballons, m'expliqua Mia après avoir détaillé le planning d'organisation. Toi, tu...

— Bonjour, Mia, résonna la voix du Canadien derrière moi.

Digne ! Éradiquons le Canada, pense à Xena en jupe de cuir, sois... forte !

— Liz, poursuivit-il avec cette voix un peu rauque.

Je pivotai pour lui faire face, espérant que mon visage ne trahirait en rien qu'il me manquait. Et que sa voix me faisait trembler de la tête aux pieds. Et que je n'étais définitivement pas Xena.

— Bonjour, lançai-je, incertaine en tendant la main vers lui.

Il arqua un sourcil, visiblement stupéfait, avant de prendre ma main dans la sienne. C'est à cet instant que ma fierté disparut : sa peau était incroyablement agréable au toucher.

Notre poignée de main dura quelques secondes de plus que ne le dictait la bienséance. Quelques secondes pendant lesquelles son regard plongé dans le mien me sonda intensément ; quelques secondes où il me sembla deviner un sourire de soulagement sur ses lèvres.

— Je ne pensais pas que tu viendrais, déclara-t-il en me libérant.

— Je ne vois pas pourquoi je n'aurais pas tenu mon engagement !

— Tu as remis ton armure.

— Absolument pas.

— Ce n'était pas une question. Tu as remis ton armure. Je t'ai affectée à la mise en place du buffet. À plus tard !

« À plus tard » ? « Affectée » ?

Aussi simplement que ça ? Il me dit bonjour, fait frémir ma paume et ensuite, il s'en va ? De deux choses l'une : soit Jonathan m'avait menée en bateau depuis le départ — ce qui serait la révélation de sa facette Banks —, soit il avait parfaitement intégré le rôle du guerrier prêt à en découdre. La seconde option me paraissait moins terrible.

Je me dirigeai vers le buffet, jetant de discrets coups d'œil à Jonathan qui était resté à l'autre bout de la salle. La mère de Tina, Abby, ma charmante amie qui avait vomi dans le parterre de fleurs lors de notre bal du lycée, était près de lui : sourire carnassier et décolleté vertigineux avaient été sortis pour l'occasion !

Il riait, il souriait, il posait même la main dans

le dos de cette femme, le bougre ! Je fulminais de rage, tandis que Jonathan m'ignorait superbement. Après deux heures d'espionnage, je rendis les armes et sortis de la salle, décomposée. Adieu, le masque de fierté, adieu, la jupe de cuir. Je me sentais vide, anesthésiée, comme si j'avais été ratatinée plusieurs fois par un rouleau compresseur.

Je prévins Mia de mon départ, lui proposant de s'arranger avec l'une de ses camarades pour rentrer chez elle. Elle accepta et je pris la fuite, regagnant au plus vite mon chez-moi, où je pourrais cacher mon cœur brisé.

Quand le mode « guerrière » n'a pas fonctionné et que vous vous êtes fait laminer comme une malpropre, il ne reste qu'une solution : l'instinct de survie. Celui-là même qui vous permet d'avoir des automatismes comme manger, prendre une douche ou pleurer tout votre soûl.

Personnellement, en rentrant du lycée, j'ai mangé un pot de glace et j'ai filé sous la douche pour pleurer. Longtemps. Assez longtemps pour que ma peau fripe et pour que je commence à accepter l'impensable : Jonathan et moi, c'était de l'histoire ancienne. Je repris alors mes automatismes : mettre une robe pour assurer mon rôle de chaperon ; me maquiller ; faire en sorte de ne pas ressembler à un zombie.

Après avoir pris une éternité à me préparer, je quittai l'étage de ma chambre pour gagner le salon.

— J'étais à deux doigts d'appeler les secours, annonça la voix de Jonathan.

Mon cœur s'affola de surprise et, tandis que je

portais une main à ma poitrine pour me calmer, mon regard trouva le Canadien, assis sur mon canapé, le cactus de Peter entre les mains.

— Et moi, je suis à deux doigts d'appeler la police. Comment es-tu entré ?

— La nouvelle armure est encore plus épaisse, lança-t-il en se levant. Et tu vas devoir changer une fenêtre.

— Tu as pénétré ici par effraction ? m'exclamai-je, surprise.

— Il faut qu'on parle. Et je n'étais pas certain que tu me laisserais entrer chez toi.

— Tu avais raison, grondai-je alors qu'il s'approchait dangereusement de moi.

J'observai ses gestes prudents, m'inquiétant d'un nouvel affrontement. Nous avions des choses à nous dire, mais j'avais encore les nerfs à vif de mon après-midi catastrophique à l'observer parader autour de la mère de Tina. Je n'étais pas certaine d'être cohérente et raisonnable.

— Jolie robe, déclara-t-il. Je crois me souvenir d'ailleurs que tu me dois une faveur.

— C'est nouveau, cette arrogance, ou c'est de famille ? sifflai-je avec fiel.

Il se figea et encaissa ma remarque en serrant les poings. La colère, la jalousie et le manque me rendaient incroyablement courageuse et méchante. Mais être cruelle et lui rappeler qu'il était pour moitié un Banks ne ferait rien pour arranger les choses.

— Je suis désolée, ce n'est pas ce que je voulais dire. Je suis un peu... fatiguée.

— Pourquoi es-tu partie ?

— C'est toi qui es parti, lui rappelai-je.

— Non, cet après-midi. Je voulais te parler et,

quand j'ai enfin réussi à me débarrasser de la mère de Tina, tu avais disparu.

Un ricanement m'échappa et je secouai la tête. Ouvrant un tiroir d'un des meubles du salon, je sortis une paire de boucles d'oreilles et choisis de l'ignorer. Mais évidemment, cela ne fonctionna pas. Le Canadien se posta derrière moi, son souffle chaud dans mon cou m'informant d'une proximité quasi criminelle.

— Je voulais vraiment te parler, murmura-t-il.

— Dans ce cas, il fallait simplement me le dire, soupirai-je en pivotant pour lui faire face. Mais je crois me souvenir que tu as un problème avec ce genre de procédé. Tu sais, la communication, la franchise, peut-être que ça te dit quelque chose ?

— Liz, bien que je sois absolument désolé de t'avoir caché ça, je dois te rappeler que tu n'es pas la mieux placée pour me faire la leçon !

— Peut-être, mais accompagner un homme à un gala contre de l'argent n'est rien comparé au fait que Peter Banks, l'homme qui a fait du vice une seconde nature et qui accessoirement m'a pourri la vie pendant une semaine, soit ton père !

— Ça ne fait pas de moi un homme différent de celui que tu as appris à connaître, assena-t-il avec agacement. Voilà exactement pourquoi je veux que personne ne le sache : je refuse que les gens m'assimilent à lui, ou me jugent sur mon patrimoine génétique.

— On ne parle pas des gens, on parle de nous. Je croyais... Je ne sais pas, tu m'as dit que tu étais amoureux de moi !

— Je le suis toujours, lança-t-il avec un franc sourire.

Son honnêteté me désarma complètement. J'avais

affûté mes armes pour un affrontement en règle, étudiant même la possibilité de casser quelques assiettes, de claquer une ou deux portes et, surtout, de sortir gagnante de notre échange. Voilà maintenant que j'étais prise au piège, face à lui, incapable d'articuler le moindre son.

— Tu vois ? J'apprends vite... la franchise, la communication !

— Pourquoi m'as-tu écartée cet après-midi ? demandai-je brutalement.

— Pour ton bien. Je suis déjà le sujet de tous les potins de la ville, et je n'aime pas particulièrement me donner en spectacle.

— Ah oui ? m'esclaffai-je en repensant à son arrivée théâtrale à la vente aux enchères.

— Et je pensais vraiment te parler à la fin de l'après-midi. Mia m'a dit que tu étais rentrée chez toi, alors...

— Alors tu t'es dit que t'imposer ici allait faire grimper de nouveau ta cote de popularité ?

— J'ai payé 50 000 dollars pour une soirée avec toi, j'ose croire que la cote n'est pas si mauvaise !

— Elle vient de descendre en flèche, grâce à ce rappel élégant de mon rôle de... comment as-tu dit déjà ? Ah oui, de bétail ! raillai-je.

— J'ai aussi dit que tu avais une jolie robe, pourquoi te rappelles-tu seulement les choses négatives à mon sujet ?

— Peut-être parce que tu n'as pas été d'une franchise exemplaire avec moi ?

— Toi non plus ! fit-il remarquer. Tu aurais dû me dire que tu avais besoin d'argent. Je savais qu'il se passait quelque chose entre Peter et toi, mais, j'étais loin d'imaginer que tu avais vendu ce genre de... service !

— Ça va au-delà de l'argent ! Il y a Joan, Mia... Et pour une fois, j'avais envie que quelque chose fonctionne. Cette soirée a été un désastre pour moi, mais pour les invités et pour ton père, elle a été réussie. Ne me reproche pas d'avoir voulu préserver tout ce qu'il me reste. Et je te l'ai dit, c'était avant que tu déboules dans ma vie !

De nouveau, il eut un sourire, comme s'il était enfin satisfait de m'entendre parler de notre relation. Il fit un pas vers moi et mon cerveau sembla se remettre en route. Je m'aperçus seulement alors qu'il était vêtu d'un pantalon noir bien trop moulant pour être honnête.

— *Dirty Dancing*, expliqua-t-il. Tu sais, les films musicaux, c'est le thème de la soirée... Liz, j'ai vraiment envie que ça fonctionne entre nous, reprit-il alors que je louchais vers sa chemise trop cintrée. J'admets que je n'ai pas été franc, mais tu dois à ton tour reconnaître que si je l'avais été, tu aurais refusé de me voir !

— Possible, avouai-je avec réticence. Tu as tout de même quitté la soirée sans me laisser la chance de te suivre !

— Parce que tu m'aurais pardonné que je te donne le choix ? Tu aurais préféré que je te pose un ultimatum entre Peter et moi ? Voyons, Liz, je ne suis pas si idiot ! Et je te l'ai dit, je ne suis pas un Banks. Je sais que tu n'aimes pas qu'on te force la main. C'est aussi pour ça que tu m'as plu, parce que tu n'aimes pas qu'on te marche sur les pieds ! Tu es... incroyablement pénible !

— Tu n'étais pas censé te mettre à genoux pour demander pardon ?

— Tu as de curieux fantasmes ! s'esclaffa-t-il pendant que je croisais les bras sur ma poitrine.

Bien, d'accord, d'accord. Je te présente mes excuses. Je suis absolument désolé de t'avoir caché la vérité au sujet de mon père.

Je devais lui rendre justice : il avait vraiment l'air contrit dans cette tenue ridicule. Les cheveux gominés, les talonnettes et le menton imberbe le rendaient irrésistible. Je réprimai un sourire, me souvenant que ce n'était pas le moment de flancher.

— Je t'ai déjà dit que je ne m'étais jamais battu pour une femme. Mais pour toi, c'est différent. Je suis vraiment désolé, répéta-t-il en prenant ma main dans la sienne. J'étais surtout en colère contre lui. Je pensais à ma mère, à cet argent dont elle aurait eu besoin !

Je me sentis frémir : le contact de ses doigts sur mon avant-bras me rappelant cruellement certains souvenirs. Comment en étais-je arrivée à devenir dépendante de cette simple caresse ? Jonathan atteignit le pli de mon coude et je sus à cet instant que j'étais en train de perdre la bataille. Johnny Castle venait de liquider Xena la guerrière, sans même esquisser un pas chassé.

— Tu triches, marmottai-je. Mais j'accepte tes excuses, que je mérite amplement !

— Bien. À ton tour maintenant !

— À mon tour ? Mais... Tu... Bon sang... Bien, parfait, je m'excuse ? Content ?

— Ravi ! Mais tu me dois toujours une explication.

— J'avais besoin d'argent, répétai-je, agacée. Et je ne voulais pas tout ruiner pour...

— Non, pas pour ça. Ton pari avec Peter.

Je me sentis blêmir et reculai instinctivement. Jonathan ne me lâcha pas et, au contraire, m'attira contre lui.

— Dieu que j'aime cette robe, murmura-t-il en passant la main très lentement dans mon dos.

— Il avait gagné le droit de remonter la fermeture Éclair de ma robe, débitai-je à la vitesse de la lumière.

Jonathan éclata de rire et m'écarta légèrement de lui pour plonger son regard dans le mien. Je me sentais encore plus ridicule, maintenant, d'avoir accepté ce stupide gage.

— Comment fais-tu pour te mettre toujours dans les pires ennuis ?

— Figure-toi que c'est exactement ce que je me disais la première fois que je suis allée chez les Banks, déguisée en fée Clochette.

Son regard surpris s'écarquilla encore plus.

— Est-ce que je veux vraiment tout savoir à ton sujet ? s'enquit-il, sa bouche à quelques centimètres de mon oreille.

— Je ne sais pas... Ah si, une dernière chose ! m'exclamai-je, un peu rougissante.

— Quoi encore ? lança-t-il en étouffant un rire.

— Il est tout à fait possible que je sois amoureuse de toi. Justement parce que tu n'es pas le fils de ton père.

Il éclata de rire de nouveau, nichant sa tête dans le creux de mon cou. Ses mains se serrèrent sur mes épaules, pendant que son corps, parcouru de secousses heureuses, se collait contre le mien.

— Tout à fait possible ? répéta-t-il pour s'assurer qu'il n'avait pas rêvé.

— Eh bien, j'en étais à peu près certaine après le gala. Mais avoue qu'entrer chez moi par effraction... ça brise un peu le mythe !

Il me fit tourner dans ses bras et, à l'instant où je soufflais un sincère « Je suis désolée », il posa ses lèvres sur les miennes ; en un instant, nous nous pardonnâmes nos honteux et dérisoires secrets. Les mains de Jonathan glissèrent sur mon dos, le long de ma colonne vertébrale et de la fameuse fermeture Éclair, avant de finir juste au-dessus de mes fesses.

— J'ai une surprise pour toi. Pour me faire pardonner d'avoir cassé ta fenêtre.

Il me fit de nouveau pivoter, plaquant mon dos contre son torse, et il posa les mains sur mes yeux. Lentement, il me fit avancer. Du bout des doigts, je devinai le canapé sur ma gauche, puis le meuble où je posais mes clés sur la droite. Je clignai des yeux, espérant deviner où il m'emmenait.

— N'essaye pas de tricher, me prévint-il.

— Sinon quoi ? Tu vas me coller une fessée ?

— Très certainement ! Tu la mérites en plus !

J'eus un sourire malgré moi. J'avais encore des doutes sur l'état de notre relation, mais le savoir chez moi et de si bonne humeur ravivait l'espoir. Il retira ses mains et passa à mes côtés. Il y eut un déclic et je devinai qu'il ouvrait la porte-fenêtre donnant sur le jardin. Un peu surprise, je fronçai les sourcils, avant de sentir son index entre mes sourcils.

— Avant que tu n'ouvres les yeux, je veux que tu saches que je ne suis pas et ne serai jamais un Banks. Je refuse l'idée même de devoir quelque chose à cet homme. J'ai son argent, mais, à mes yeux, ce n'est rien. Toutefois, j'ai finalement trouvé à quoi pourrait servir cet argent !

— À un château-d'yquem ? proposai-je avec un sourire heureux.

— Bien. Deux choses donc. Fais attention, il y a une marche.

Il passa derrière moi, posa les mains sur mes bras

et déposa un baiser sur ma nuque. Mon cœur reprit sa chamade habituelle, cessant de lutter contre les tourments de ma semaine sans lui.

— Tu peux ouvrir les yeux.

Je restai interloquée l'espace d'une seconde en voyant ce qu'il avait fait. Et juste après j'éclatai de rire. Cet homme savait décidément y faire avec les femmes. Même déguisé en Johnny Castle curieusement bien charpenté !

— Il y a du vin ? m'enquis-je en tournant le visage vers lui.

— Au frais.

J'enroulai prestement les bras autour de sa nuque et l'attirai contre moi pour une étreinte et un nouveau baiser. J'entendis Jonathan gémir contre mes lèvres, avant de plonger sa main dans mes cheveux et de glisser sa langue dans ma bouche.

Il s'écarta de moi et repoussa les quelques mèches rebelles qui barraient mon visage.

— J'en déduis que cela te fait plaisir ?

— À ton avis ? Tu as ramené Ted à la maison.

Il me prit par la main et me fit contourner mon van. Je ris de nouveau en voyant qu'il avait ouvert les deux grandes portières pour aménager l'arrière du véhicule : des coussins, un maigre matelas, du vin et un délicieux éclairage fait de guirlandes lumineuses entrelacées.

— Et il ronronne comme un chaton, précisa Jonathan, pendant que je m'extasiais sur son travail de décorateur.

— Merci. Ça a dû te coûter une fortune !

— Ça a amputé une partie de mon encombrant héritage. Mais ne t'inquiète pas, j'ai encore de quoi t'entretenir quelques années au besoin.

— C'est tentant !

Je m'assis à l'arrière de Ted, toujours épatée par le cocon douillet qu'avait créé mon petit ami. Il en profita pour s'échapper quelques minutes et réapparut devant moi, une bouteille d'yquem à la main.

— Je me suis dit que tu devrais y associer un souvenir heureux cette fois-ci, lança-t-il en me tendant un verre.

— Il faut que tu saches que Ted... Disons que Ted est le dernier vestige de mon ancienne vie. Il ne restait que mille dollars sur mon compte après... après que mon ex m'a méthodiquement ruinée. Avec cet argent, j'ai acheté Ted, expliquai-je en tapotant affectueusement l'intérieur du van.

— Est-ce que Ted accepterait un nouvel homme dans ta vie ?

— Je pense que oui. Et puis, tu as placé la barre très haut, avouai-je en prenant une gorgée de vin. Humm... Divin !

— Je t'ai dit que j'aimais vraiment ta robe ? s'amusa Jonathan.

— Le rouge, hein ? Tu sais... Je crois qu'il est tout à fait possible que je sois amoureuse de toi.

— Oh !

— Mais uniquement avec ta chemise à carreaux, précisai-je. Maudit bûcheron canadien, murmurai-je avant de l'embrasser.

Jonathan, le sourire aux lèvres, m'attira contre lui et nous finîmes sur le matelas, lui sur le dos, moi à califourchon sur lui.

— Tu crois que Ted nous en voudrait si on...

— Ted a une très mauvaise audition, assurai-je en déboutonnant sa chemise pour révéler son torse.

Une heure plus tard, nous tenions notre rôle de chaperons au bal du lycée. Les lycéens ont eu un comportement exemplaire. Mia a disparu pendant vingt bonnes minutes, réapparaissant finalement nettement moins bien coiffée qu'à son arrivée.

En revanche, nous avons fini par évacuer la mère de Tina, manifestement ivre.

La rumeur court que le parterre de fleurs n'a pas survécu à leur confrontation alcoolisée.

D'un commun accord, Jonathan et moi avons choisi de ne plus mentionner le nom des Banks. Par ailleurs, je lui ai fait promettre de remiser son déguisement de Johnny Castle ; en échange, j'ai décidé de me séparer de mon bouclier et de mon attirail de Xena.

Mais pas pour toujours, sait-on jamais !

— Il te faut un nouveau grille-pain, déclara Jonathan en buvant sa tasse de café, le lendemain de notre réconciliation.

— Aucune importance. J'ai, de toute façon, une très nette préférence pour les pancakes !

Il m'adressa un sourire irrésistible, dans lequel persistait une pointe de désir. Il posa son mug, son regard ensommeillé se réveilla d'un coup pour se faire prédateur. Tout en me dévisageant, il contourna le plan de travail, puis me saisit par la taille et m'y assit.

— À table, murmura-t-il.

L'instant suivant n'existaient plus que ses mains sur moi et sa langue descendant dans un rythme lent vers mon nombril.

Vous avez aimé

Pourquoi choisir ?

Découvrez bientôt le nouveau roman

d'Emily Blaine

Ensemble.
Maintenant.
Pour toujours.

Retrouvez aussi les autres romans

d'Emily Blaine

Composé et édité par HarperCollins France.

Achevé d'imprimer en février 2018.

CPi
BLACK PRINT

Barcelone

Dépôt légal : mars 2018.

Pour limiter l'empreinte environnementale de ses livres, HarperCollins France s'engage à n'utiliser que du papier fabriqué à partir de bois provenant de forêts gérées durablement et de manière responsable.

Imprimé en Espagne.